Marlis Weber

Individuell zum Wohlfühlgewicht

Typgerecht abnehmen

Den eigenen Typ erkennen und sich entsprechend schlank essen.

Programme für Empfindungs-, Bewegungs-, Entspannungs- und Mischtypen

SÜDWEST

Inhalt

Bäder regen den Stoffwechsel an und unterstützen so die Ausscheidung während der Kur.

Die Inhaltsstoffe der Artischocke fördern vor allem bei Bewegungstypen die Zellregeneration und unterstützen den Leberstoffwechsel.

Vor allem bei Entspannungstypen wirkt Apfelessig entschlackend und regt darüber hinaus die Darmtätigkeit an.

Sie sind unsicher, wie Sie überflüssige Pfunde am besten loswerden können? Dieser Ratgeber zeigt Ihnen ganz neue Wege.

Vor dem Kaloriencountdown kommt das große Kopfzerbrechen. Welche Abspeckkur ist die Richtige? Wirklich keine leichte Entscheidung, denn die Versprechen mancher Diäterfinder sind nicht selten viel zu dick aufgetragen.

Jeder is(s)t anders

In Hochglanzmagazinen, im Kino und im Fernsehen sind sie allgegenwärtig – die suggestiven Bilder schöner, junger Menschen mit Traumfiguren. Wer hat sie nicht schon ungezählte Male neidvoll betrachtet? Der moderne Schlankheitswahn lässt kaum jemanden unberührt: Gerade Frauen quälen sich oftmals über Jahre, um ihren Körper in eine Form zu bringen, für die er einfach nicht ausgelegt ist.
»Diät« heißt das Zauberwort für ein gutes Aussehen und ein besseres Leben. Für viele ist es inzwischen jedoch zu einem Synonym für Frustration und Enttäuschung geworden: Sie haben sklavisch Kalorien gezählt, nach den unterschiedlichsten Vorgaben gefastet, die Kost nach Blutgruppen, Elementen oder Yin und Yang eingeteilt usw. – im Wesentlichen ohne Erfolg. Manche Maßnahmen haben kurzfristig ein bisschen geholfen, andere gar nicht – und das, obwohl die Freundin damit bestens zurechtgekommen ist, und die Nachbarin auf dem gleichen Weg sogar 20 Kilogramm verloren hat.

Diätmodelle auf dem Prüfstand

Über 300 verschiedene Abspeckkuren werden inzwischen propagiert, und weil Diäten in Zeitschriften Auflage machen, haben sie auch weiterhin Hochkonjunktur. Vollmundig werden immer neue Diätmodelle als Wunderwaffe angepriesen – doch allzu häufig entpuppen sie sich bei näherer Betrachtung als »Mogelpackung«.
Viele Diäten und Kuren sind grundsätzlich sinnvoll – aber eben nicht für alle Menschen in gleichem Maß. Was beim einen durchschlagende Wirkung zeigt, kann beim anderen völlig ergebnislos bleiben. Der Grund dafür ist die psychische und physische Individualität des Menschen und die dadurch bedingten unterschiedlichen Stoffwechselreaktionen. Von diesen Faktoren hängt die Verdaulichkeit und Bekömmlichkeit von Nahrungsmitteln, der Bedarf an Nährstoffen und somit auch die Reaktion auf bestimmte Diäten ab.

Was dem einen also gut tut, löst beim anderen Ablehnung und Unbehagen aus. Leider wird dies von der Ernährungswissenschaft noch nicht genügend berücksichtigt. Da die psychische Individualität jedoch inzwischen eine weithin anerkannte Tatsache ist, ist es eine logische Konsequenz, auch die körperliche und biochemische Individualität des Menschen anzuerkennen.

Nach individuellen Lösungen suchen

Die Pauschaldiät gibt es nicht! Genetisch bedingte Faktoren wie Körperbau, Stoffwechsel und Psyche entscheiden darüber, ob eine Diät angenommen und durchgehalten wird, ob sie dem Körper gut tut und so zum gewünschten Erfolg führt. Das gleiche gilt für Fitness- und Wellnesskonzepte, die eine Diät immer begleiten sollten. Wer also seine Gesundheit fördern und effizient abnehmen will, kommt nicht umhin, sich erst einmal selbst zu definieren: Er muss sich seine individuelle körperliche und psychische Konstitution bewusst machen und erkennen, dass eine Diät allein keinen dauerhaften Erfolg bringt.
Sicher ist das keine völlig neue Einsicht, doch eine häufig nicht realisierte: Viele stürzen sich von einer Erfolg versprechenden Superdiät auf die andere, statt sich die Zeit zu nehmen, ein individuelles, ganzheitliches Wohlfühlkonzept zu entwickeln.

Jeder Mensch gehört nach der Konstitutionslehre einem bestimmten Typus an. Dieser Ratgeber hilft Ihnen, Ihrem Typ entsprechend Ihr ganz persönliches Diät- und Wohlfühlprogramm zu entwerfen – ganz ohne starre Regelsysteme.

Die richtige Kur für jeden Typ

Vielleicht haben auch Sie bisher auf die falsche Diät gesetzt: Sie haben eine Radikalkur gemacht, obwohl ein »Verwöhnprogramm« eigentlich viel sinnvoller gewesen wäre, haben zum falschen Zeitpunkt gehungert oder haben Steaks gegessen, obwohl Sie im Grunde lieber Obst mögen. Vielleicht haben Sie sich auch zur Aerobicstunde gequält, obwohl ein Waldlauf oder Spaziergang effektiver gewesen wäre.
Dieses Buch stellt Ihnen ganzheitliche Kurkonzepte vor, in denen die Diät nur einen Teil des Erfolgs ausmacht. Der Typentest und die ausführliche Typenbeschreibung helfen Ihnen dabei, für Ihre Kur Maß zu nehmen und das für Sie am besten geeignete Konzept zu finden.

Den eigenen Typ bestimmen

Ein Blick zurück in die Medizingeschichte zeigt, dass sich bereits die Medizinschulen der Antike, des Mittelalters und der Neuzeit bis hin zum Beginn des 20. Jahrhunderts an verschiedenen Konstitutionstypen bzw. Temperamenten des Menschen orientierten. Dazu wurden Modelle entwickelt, die das Ziel hatten, sich der Individualität der Menschen in beschreibbaren und nachvollziehbaren Kategorien anzunähern. Der Begriff »Konstitution« leitet sich vom lateinischen Wort »constitutio« (= Beschaffenheit) ab. Medizinisch wird die Konstitution als individuelle Eigentümlichkeit eines Menschen, durch Erbanlagen und Umwelteinflüsse bedingt, verstanden.

Schon im Altertum hat man sich intensiv mit Typenlehre beschäftigt. Unabhängig voneinander stellten die griechische, die chinesische und die indische Medizin verschiedene Persönlichkeitstypisierungen auf.

Altüberliefert – die drei Konstitutionstypen

Bei einem Vergleich der verschiedenen Konstitutionsmodelle fällt auf, dass in den maßgeblichen westlichen Systemen wie auch in der indischen Ayurvedalehre drei Grundtypen differenziert werden. In Anlehnung an die Konstitutionslehre von Carl Huter (1861–1912) benutzen wir für diese Typen die folgenden Bezeichnungen:

- Empfindungstyp
- Bewegungstyp
- Entspannungstyp

Diese drei Konstitutionstypen lassen sich durch bestimmte körperliche Merkmale und Charaktereigenschaften beschreiben. Bei vielen Menschen finden sich Anteile von zwei, oft sogar von drei Typen, meist überwiegt jedoch ein Naturell.

Konsequenzen für die Lebensführung

Menschen unterscheiden sich also nicht nur in ihrer psychischen Konstitution, sondern auch in ihrer körperlichen Erscheinung. So gibt es den fülligen Körpertyp, der nur auf Kosten seiner Gesundheit gertenschlank werden kann, und den feingliedrigen, schlanken Typus, der viel Essen aufnehmen kann, ohne Pfunde zuzulegen.

Keine Figur ist wie die andere, und Schönheit hängt nur zum Teil vom Idealgewicht ab. Sie hat wesentlich mehr mit Individualität und Ausstrahlung als mit einer genormten Figur zu tun. Der Typ ist genetisch festgelegt und lässt sich daher nicht grundlegend verändern – aber jeder hat die Möglichkeit, mit den geeigneten Maßnahmen das Beste aus seinem Typ zu machen.

Der Mensch ist nicht nur psychisch, sondern auch körperlich ein Individuum. Daher sollten bei Empfehlungen zur Ernährung viel stärker als bisher die unterschiedlichen persönlichen Merkmale berücksichtigt werden.

Das soll die Typenlehre leisten

Die Konzepte, die in diesem Buch vorgestellt werden, sollen Ihnen Möglichkeiten aufzeigen, ganzheitlich fit und gesund zu bleiben und sich mit Ihrem Gewicht wohl zu fühlen.
Das Ziel kann sein, den Stoffwechsel zu aktivieren, die Leber zu entlasten, einige Pfunde leichter zu werden, den Darm auf Trab zu bringen oder sich einfach zu verwöhnen. Orientieren Sie sich an den Vorschlägen, und finden Sie die richtige Kur für Ihren Typ.
Für die Mischtypen unter Ihnen gelten jeweils die Empfehlungen für jene beiden Grundtypen, aus denen sich der Mischtyp zusammensetzt. Folgen Sie Ihrem Gefühl und Ihren Vorlieben bei der Auswahl der Kur und der mit ihr einhergehenden Aktivitäten.

Die seelischen und körperlichen Merkmale einer Person sind mit ausschlaggebend für den Erfolg einer Diät. So läuft der Entspannungstyp Gefahr, nach der Kur sofort wieder in alte Essmuster zurückzufallen.

So gehen Sie bei der Typenbestimmung vor

Wenn Sie jetzt neugierig geworden sind, dann füllen Sie die folgenden Typentests aus. Kreuzen Sie jeweils die Antworten an, die am ehesten auf Sie zutreffen. Überlegen Sie nicht zu lange – das erste Gefühl ist meist das Zutreffende. Schauen Sie vorher nicht nach, welcher Test zu welchem Typ gehört. Sie verfälschen sonst unbewusst Ihr Ergebnis.
Ermitteln Sie anschließend für jeden Fragebogen die Gesamtpunktzahl. Gehen Sie dabei folgendermaßen vor:

- Für die Antwort »trifft nicht zu« erhalten Sie jeweils 1 Punkt, für die Antwort »trifft eher nicht zu« jeweils 2 Punkte, für die Antwort »teils, teils« jeweils 3 Punkte, für die Antwort »trifft eher zu« jeweils 4 Punkte und für die Antwort »trifft voll zu« jeweils 5 Punkte.

Für Mischtypen ist zu beachten: Sie können z. B. ein Bewegungs-Entspannungs-Typ oder ein Entspannungs-Bewegungs-Typ sein. Die Anlage, die bei Ihnen überwiegt, ist die jeweils zuerst genannte.

Das Testergebnis richtig auswerten

- A = Empfindungstyp, B = Entspannungstyp, C = Bewegungstyp
- Die maximale Punktzahl, die Sie pro Fragebogen erhalten können, beträgt 100 Punkte, die kleinstmögliche Zahl 20 Punkte.
- Liegen Sie bei einem oder mehreren Fragebögen über der Punktzahl 60, dann tendieren Sie stark zu dem jeweiligen Typus – je höher Ihre Punktzahl, umso stärker.
- Liegen Sie nur bei einem Fragebogen über dem Wert 60, so können Sie sich als »reinen« Empfindungstyp, »reinen« Bewegungstyp oder »reinen« Entspannungstyp betrachten.
- »Mischtypen« haben bei zwei oder gar bei allen drei Typen eine Punktzahl über 60. Liegen Sie beispielsweise beim Test auf den Empfindungstyp weit über 60 Punkten, beim Test auf den Bewegungstyp etwas über 60 Punkten und beim Test auf den Entspannungstyp unter 60 Punkten, so sind Sie ein Empfindungs-Bewegungs-Typ. Liegen Sie bei keinem der Tests über 60 Punkten, so sind Sie ein unbetonter Mischtyp aus allen drei Typen.
- Falls Sie nach dem Test noch unsicher sind, vergleichen Sie das Ergebnis nochmals mit den ausführlichen Typenbeschreibungen. Vielleicht erkennen Sie sich dann besser.

Typenbestimmung – Test A

	trifft nicht zu	trifft eher nicht zu	teils, teils	trifft eher zu	trifft voll zu
	1	2	3	4	5
Ich handle schnell.	❑	❑	❑	❑	❑
Ich kann einmal Gelerntes schlecht auf lange Zeit behalten.	❑	❑	❑	❑	❑
Ich bin lebhaft und begeisterungsfähig.	❑	❑	❑	❑	❑
Ich kann Neues schnell aufnehmen.	❑	❑	❑	❑	❑
Ich habe einen leichten Gang.	❑	❑	❑	❑	❑
Ich kann mich schwer entscheiden.	❑	❑	❑	❑	❑
Ich handle spontan.	❑	❑	❑	❑	❑
Mein Knochenbau ist leicht und feingliedrig.	❑	❑	❑	❑	❑
Meine Haut neigt zu Trockenheit.	❑	❑	❑	❑	❑
Ich bin eher schlank und nehme schwer zu.	❑	❑	❑	❑	❑
Ich ertrage kaltes Wetter weniger gut als andere Menschen.	❑	❑	❑	❑	❑
Ich gelte bei meinen Freunden als sehr gesprächig.	❑	❑	❑	❑	❑
Meine Stimmungen wechseln schnell.	❑	❑	❑	❑	❑
Meine Bewegungen sind rasch und aktiv.	❑	❑	❑	❑	❑
Ich reagiere eher gefühlsbetont.	❑	❑	❑	❑	❑
Ich bin geistig sehr rege und sprudle vor Ideen über.	❑	❑	❑	❑	❑
Meine Energie kommt in plötzlichen Schüben.	❑	❑	❑	❑	❑
Ich bin leicht erregbar.	❑	❑	❑	❑	❑
Auf mich selbst gestellt, habe ich unregelmäßige Ess- und Schlafgewohnheiten.	❑	❑	❑	❑	❑
Ich fühle mich häufig rastlos.	❑	❑	❑	❑	❑

Typenbestimmung – Test B

	trifft nicht zu 1	trifft eher nicht zu 2	teils, teils 3	trifft eher zu 4	trifft voll zu 5
Ich handle gewöhnlich langsam und ohne Hektik.	❑	❑	❑	❑	❑
Ich nehme leichter zu und schwerer ab als andere.	❑	❑	❑	❑	❑
Ich bin von Natur aus ruhig und gesetzt; ich gerate selten aus der Fassung.	❑	❑	❑	❑	❑
Sport ist nicht so sehr mein Fall.	❑	❑	❑	❑	❑
Ich bin eher sparsam.	❑	❑	❑	❑	❑
Ich brauche mindestens acht Stunden Schlaf, um mich am folgenden Tag wohl zu fühlen.	❑	❑	❑	❑	❑
Ich habe einen guten Schlaf.	❑	❑	❑	❑	❑
Ich rege mich selten auf.	❑	❑	❑	❑	❑
Ich kann einmal Gelerntes gut auf lange Zeit behalten.	❑	❑	❑	❑	❑
Ich neige zu Körperfülle.	❑	❑	❑	❑	❑
Kaltes und feuchtes Wetter ist mir zuwider.	❑	❑	❑	❑	❑
Mein Energiepegel ist ausgeglichen.	❑	❑	❑	❑	❑
Ich habe eine weiche und glatte Haut.	❑	❑	❑	❑	❑
Ich habe einen kräftigen Körperbau.	❑	❑	❑	❑	❑
Ich bin von Natur aus sanftmütig.	❑	❑	❑	❑	❑
Ich bin sehr ordnungsliebend.	❑	❑	❑	❑	❑
Ich habe eine gute Ausdauer und Widerstandskraft.	❑	❑	❑	❑	❑
Ich gehe langsam und gemessen.	❑	❑	❑	❑	❑
Ich neige zur Langschläferei und komme morgens nur langsam in Gang.	❑	❑	❑	❑	❑
Ich gehe bei allen Tätigkeiten langsam und methodisch vor.	❑	❑	❑	❑	❑

Typenbestimmung – Test C

	trifft nicht zu 1	trifft eher nicht zu 2	teils, teils 3	trifft eher zu 4	trifft voll zu 5
Ich halte mich für sehr effizient.	❑	❑	❑	❑	❑
Ich bin bei allem, was ich tue, extrem genau und ordentlich.	❑	❑	❑	❑	❑
Ich habe einen starken Willen und kann mich gut durchsetzen.	❑	❑	❑	❑	❑
Bei heißem Wetter fühle ich mich eher als andere Menschen unwohl oder müde.	❑	❑	❑	❑	❑
Bei sportlichen Tätigkeiten schwitze ich leicht.	❑	❑	❑	❑	❑
Auch wenn ich es nicht immer zeige, bin ich schnell gereizt oder verärgert.	❑	❑	❑	❑	❑
Meine Haut wird schnell rot.	❑	❑	❑	❑	❑
Ich neige zu Haarausfall.	❑	❑	❑	❑	❑
Ich neige zu Sommersprossen.	❑	❑	❑	❑	❑
Ich habe einen kräftigen, athletischen Körperbau.	❑	❑	❑	❑	❑
Ich bin sehr freiheitsliebend.	❑	❑	❑	❑	❑
Ich verliere leicht die Geduld.	❑	❑	❑	❑	❑
Ich neige zum Perfektionismus.	❑	❑	❑	❑	❑
Ich brause schnell auf, vergesse aber auch schnell wieder.	❑	❑	❑	❑	❑
Ich bin bei der Durchsetzung meiner Ziele sehr beharrlich.	❑	❑	❑	❑	❑
Ich empfinde die Temperatur in einem Raum eher als zu warm.	❑	❑	❑	❑	❑
Ich bin schon morgens fit.	❑	❑	❑	❑	❑
Ich bin nicht immer so tolerant, wie ich sein sollte.	❑	❑	❑	❑	❑
Ich brauche Herausforderungen in meinem Leben.	❑	❑	❑	❑	❑
Ich bin anderen Menschen gegenüber kritisch eingestellt.	❑	❑	❑	❑	❑

Der Empfindungstyp

Charakteristische Merkmale

Der Empfindungstyp verfügt meist über eine feinfühlige Persönlichkeit, er ist ein Gefühls- und Ideenmensch und der natürliche Vertreter des Feingeistigen und Psychischen. Er hat eine starke Verbindung zum Zentralnervensystem, ein reges Geistesleben ist typisch für ihn. Er sprudelt über vor Ideen und schöpferischen Impulsen.
Der Empfindungstyp wird im harten Lebenskampf leicht tatenlos, manchmal sogar apathisch. Die Energie für seine Aktivitäten kommt schubweise, d. h., Phasen von überschäumendem Tatendrang folgen Lustlosigkeit und Antriebsschwäche. Seine Kreativität liegt oft im Widerstreit mit seiner mangelnden Beständigkeit und Kontinuität.
Er hat besonders intensive Konflikte mit sich und der Welt auszutragen, nicht weil er ein konfliktreicher Mensch ist, sondern weil er ein waches Gewissen, ein reges, leicht ansprechendes Gefühlsleben und allgemein eine psychisch sehr differenzierte Art hat.

Überschäumende Kreativität und Energie, aber auch Tatenlosigkeit bis zur Apathie vereinigt der Empfindungstyp in sich. Er neigt zum Grübeln und ist verhältnismäßig schnell aus dem Gleichgewicht zu bringen.

Körperliche Konstitution

Empfindungstypen sind eher feingliedrig und schlank, sie neigen zu Untergewicht und haben häufig Probleme, zuzunehmen. Die Gesichtszüge sind fein, schmal und zart. Sie werden begleitet von einer überdurchschnittlich lebhaften Mimik. Die Augen sind leuchtend und ausdrucksvoll, oft groß. Die Wangen sind zart, dünn und fein, die Nase schmal, schlank und meist von mittlerer Länge. Das Haar ist fein und seidig. Arme, Beine, Hände und Füße sind dünn, schlank und mittellang. Die Muskulatur ist zart, aber leistungsfähig.
Die feinen Formen und zerbrechlichen Gliedmaßen, der schmale Körperbau und die etwas blasse Hauttönung sind beim Empfindungstyp kein Anzeichen von verminderter Leistungsfähigkeit oder gar Krankheit. Sie gehören natürlicherweise zu ihm, veranlassen aber seine Mitmenschen häufig zu besorgten Fragen nach seinem Gesundheitszustand und nach seinem Essverhalten.

Befindlichkeitsstörungen und Krankheitsneigungen

In unausgeglichenem Zustand neigt der Empfindungstyp zu Hyperaktivität und Nervosität. Er ist leicht zu begeistern, vergisst aber auch schnell. Er neigt zu Besorgnis und demzufolge oft zu Schlafstörungen. Ein unregelmäßiger Lebensstil ist typisch für Empfindungsmenschen, bringt sie häufig aus dem Gleichgewicht. Sie verausgaben sich schnell und fühlen sich dann ausgelaugt, müde und depressiv.

Der Empfindungstyp ist besonders anfällig für Erkältungen und psychisch bedingte organische Störungen, also für psychosomatische Erkrankungen. Seine Verdauung ist unregelmäßig und die Verdauungskapazität begrenzt. Typische Beschwerden, die bei Empfindungstypen häufig auch durch Stress ausgelöst werden, sind Verstopfungen, Blähungen sowie ein nervöser Magen. Es besteht eine Neigung zu Muskelverkrampfungen, Kreislaufstörungen, niedrigem Blutdruck, Bindegewebsschwäche und Krampfadern.

Der Empfindungstyp auf einen Blick

- Zeichnet sich durch besondere Feinfühligkeit, Sensibilität und Kreativität aus.
- Braucht verfeinerte Lebensbedingungen, um sich voll entfalten zu können
- Zeigt sich seinen Mitmenschen gegenüber mitleidig und hilfsbereit, neigt zum Grübeln und zu Besorgnis
- Handelt rasch und schnell, ist leicht erregbar
- Greift schnell neue Informationen auf, vergisst aber auch relativ schnell wieder
- Liebt warme und helle Räume, setzt Wind, Wetter sowie feindlichen Einflüssen wenig Widerstand entgegen; verträgt starke Kälte und Hitze schlecht
- Leichter, zarter und feingliedriger Körperbau
- Neigt zu Appetitlosigkeit, Verdauungsstörungen und trockener Haut
- Ermüdet schnell, neigt zu Nervosität und Hyperaktivität; geistige und körperliche Energie kommt in Schüben
- Gemeinhin werden dem Empfindungstyp die Eigenschaften kalt und trocken, die Jahreszeit Herbst sowie das Element Luft zugeordnet

Der Empfindungstyp ist besonders feinfühlig und sensibel. Seine gesteigerte Empfindsamkeit beschert ihm allerdings auch gelegentlich Schlafstörungen, einen unregelmäßigen Appetit und eine unregelmäßige Verdauung.

Der Bewegungstyp

Charakteristische Merkmale

Passend zu ihrem energisch und dynamisch wirkenden Äußeren sind Bewegungstypen von einer starken Tat- und Willenskraft geprägt. Sie verfügen über große Durchsetzungs-, Widerstands- und Überwindungskraft. Sie bevorzugen eine Lebensweise, die ihnen für ihre Tätigkeiten einen weiten Aktionsradius einräumt. Gegen mangelnde Aktivität und ein engräumiges Leben haben sie eine starke Abneigung. Bewegungstypen haben ausgesprochen gute Führungseigenschaften. Ihr Verstand ist scharf, ihr Handeln entschlossen und zielstrebig.

Bewegungstypen lieben Reisen, besonders dann, wenn diese mit Strapazen verbunden sind oder wenn der Wagemut dabei eine Rolle spielt. Fast überall da, wo herausragende physische Leistungen erbracht werden, sind die Bewegungstypen in vorderster Reihe mit dabei. Sie ertragen Hitze und Kälte gleichermaßen gut und lieben den Aufenthalt im Freien, selbst bei Wind und Wetter.

Bewegungstypen erstreben einfache und klare Grundsätze, Programme und Strukturen. Sie handeln mehr aus rationellen, pragmatischen Überlegungen heraus, weniger nach dem Gefühl.

Der Bewegungstyp ist handlungsorientiert, entschlossen und zielstrebig. Lang andauernde Prozesse der Entscheidungsfindung machen ihn nervös. Es gibt kaum etwas, das ihm mehr zuwider ist als das Gefühl der Stagnation.

Körperliche Konstitution

Bewegungstypen haben einen kräftigen, athletischen Körperbau. Das Gesicht wirkt knochig und kantig. Die Augen erscheinen eher klein, die Mimik ist energisch. Die Nase ist groß und meist lang, das Kinn hervortretend und stark ausgeprägt.

Auffallend ist außerdem ihre helle, sonnenempfindliche Haut. Die Haare sind ebenfalls hell bis rötlich. Haarausfall mit Geheimratsecken und Glatzenbildung trifft man bei diesen Typen häufig an.

Der Hals des Bewegungstypen ist oftmals lang und muskulös, Gleiches gilt für die Gliedmaßen. Die Knochen sind stark entwickelt. Ihr Körperbau ist prädestiniert für sportliche Aktivitäten, insbesondere für Sportarten, bei denen Kraft und Ausdauer gefragt sind.

Befindlichkeitsstörungen und Krankheitsneigungen

Im unausgeglichenen Zustand neigen Bewegungstypen dazu, zornig, reizbar und ungeduldig zu werden. Sie haben die Tendenz, Ihre Leistungsgrenzen ständig zu überschreiten. Bei gleichzeitiger körperlicher Überforderung bringt dies eine erhöhte Verletzungsgefahr sowie Verschleißerscheinungen mit sich. Im psychischen Bereich kann dies zu Dauerstress und damit zu verschiedenen Risikofaktoren in Richtung Herzinfarkt und anderen Erkrankungen führen.

Bewegungstypen neigen zu entzündlichen und rheumatischen Erkrankungen, zu kleineren Hautproblemen und im jugendlichen Alter zu Akne. Bei übermäßigem Ausleben des Bewegungstriebs treten häufig auch Erschöpfungszustände auf. Sie sind besonders empfindlich gegenüber starker Sonneneinstrahlung und müssen sich daher sehr gut vor einem Sonnenbrand schützen.

Der Bewegungstyp neigt zu einer Überbeanspruchung seines Körpers. Dies kann bei entsprechender Veranlagung zu Abnutzungserscheinungen wie Arthrose führen. Auch Erschöpfungszustände sind eine häufige Folge.

Der Bewegungstyp auf einen Blick

- Ist äußerst dynamisch, zielstrebig, konfliktfreudig und durchsetzungsfähig
- Ist für seine guten Führungsqualitäten bekannt
- Sucht Herausforderungen und hat einen Hang zum Perfektionismus
- Ist im ausgeglichenen Zustand zufrieden, warmherzig und großzügig
- Hat einen scharfen, analytischen Verstand und verschwendet seine Zeit ungern für nutzlose Tätigkeiten
- Wird leicht ungeduldig und ist schnell reizbar
- Effizienz steht bei seinen Entscheidungen im Vordergrund
- Neigt zu einer Überbeanspruchung seines Körpers
- Mittlerer, wohl proportionierter Körperbau
- Heller Hauttyp, häufig sehr sonnenempfindlich
- Starker Hunger und Durst, gute Verdauungskapazität und wenig Probleme mit der Verträglichkeit der Nahrung
- Gemeinhin werden dem Bewegungstypen die Eigenschaften heiß und trocken, die Jahreszeit Sommer sowie das Element Feuer zugeordnet

Der Entspannungstyp

Charakteristische Merkmale

Entspannungstypen lassen sich treffend mit den Eigenschaften beständig und bewahrend beschreiben. Sie sind Gemütsmenschen, die die Welt mit heiterer Gelassenheit betrachten. Ihre Lebenseinstellung ist eher konservativ. Dem geistigen Fortschritt stehen sie zwar nicht ablehnend, aber meist abwartend gegenüber. Veränderungen verunsichern sie. Sie haben die Tendenz, Probleme »auszusitzen«.
Bedächtigkeit ist ein weiteres typisches Merkmal der Entspannungstypen, sowohl bei der Entscheidungsfindung als auch bei der Aufnahme von neuen Informationen. Dafür haben sie ein gutes Langzeitgedächtnis, und einmal erworbene Fähigkeiten bleiben für lange Zeit im Repertoire. Entspannungstypen stehen mit beiden Beinen auf der Erde. Sie sind nicht leicht aus der Fassung zu bringen und haben ein gesundes Selbstbewusstsein, manchmal jedoch einen Hang zur Selbstzufriedenheit. Sie lieben Ruhe, Behaglichkeit und körperliche Genüsse. Sie bevorzugen eine eher sitzende Lebensweise. Auch im weiteren Sinne sind sie eher sesshaft. Reisen unternehmen sie nur dann, wenn diese nicht mit allzu großen Strapazen verbunden sind. Entspannungstypen haben eine Abneigung gegen körperliche Kraftanstrengungen und vernachlässigen daher leicht die für sie wichtige Bewegung.

Dass der Entspannungstyp durch nichts aus der Ruhe zu bringen ist, sieht man oft schon seinem Körperbau an. Er ist ausgeglichen und verfügt über eine schier unendliche Geduld. Behaglichkeit und Genuss werden bei ihm groß geschrieben.

Körperliche Konstitution

Entspannungstypen haben einen kraftvollen Körperbau und wirken häufig untersetzt. Das Gesicht ist breit, voll, rund und weich, die Mimik ist wenig ausgeprägt. Die Haut ist dick und glatt. Die Nase ist kurz bis mittellang, die Nasenspitze rund, der Hals erscheint kurz und kräftig. Arme und Beine sind mittellang, die Muskulatur ist insgesamt rund und weich. Der füllige, rundliche Körperbau ist für den Entspannungstyp die gesunde Lebensform. Er erlangt diesen Körperbau aufgrund von genetischen Anlagen. Dies ist z. B. von der Fettsucht oder anderen pathologischen Formen des Dickseins zu unterscheiden.

Befindlichkeitsstörungen und Krankheitsneigungen

Entspannungstypen sind die besten »Futterverwerter«: Sie werden »schon beim bloßen Anblick von Essen« dick und neigen am stärksten zu Übergewicht. Sie leiden in einer Zeit, in der das Schönheitsideal am extrem schlanken Typus orientiert ist, besonders stark unter dem gesellschaftlichen Druck, abnehmen zu müssen.

Der zum Entspannungstyp gehörige, eher füllige Körperbau ist bei diesem Konstitutionstyp die natürliche Lebensform. Ein ähnlicher Körperbau, wie er beim Entspannungstyp gesund ist, wäre beim Bewegungs- oder beim Empfindungstyp Anzeichen von gesundheitlichen Störungen. Starkes Übergewicht ist jedoch auch bei diesem Typ gesundheitsbelastend: Oft stellen sich dann Atembeschwerden und Stoffwechselerkrankungen ein. Entspannungstypen sind besonders anfällig gegenüber den klassischen ernährungsabhängigen Krankheiten wie Arteriosklerose, Diabetes mellitus und Gicht.

Der Entspannungstyp auf einen Blick

- Gehört zu den »Bewahrern« und ist Neuem gegenüber nicht sofort aufgeschlossen
- Nimmt Informationen langsam auf, hat aber ein gutes Langzeitgedächtnis
- Ist im ausgeglichenen Zustand liebevoll und tolerant, bei Frauen sind mütterliche Eigenschaften charakteristisch
- Ist schwer aus der Fassung zu bringen und brütet lange über Entscheidungen
- Kraftvoller, eher untersetzter und fülliger Körperbau mit Neigung zum Übergewicht
- Gemächliche, ruhige Bewegungen, neigt zur Trägheit, körperliche Aktivitäten gehören nicht zu seinen erklärten Lieblingsbeschäftigungen
- Liebt gutes Essen und Trinken, hat eine gute, jedoch langsame Verdauung und neigt zu tiefem, langem Schlaf
- Verträgt Kälte gut, Wärme und Hitze dagegen sehr schlecht
- Gemeinhin werden dem Entspannungstyp die Eigenschaften feucht und kalt, die Jahreszeit Winter sowie das Element Erde bzw. Wasser zugeordnet

Entspannungstypen neigen zu Übergewicht und leiden dementsprechend häufig an den klassischen ernährungsbedingten Krankheiten. Dazu gehören Atembeschwerden, Stoffwechselstörungen, Arteriosklerose und Gicht.

Bei Typkombinationen können Stärken und Schwächen sehr gut ausgeglichen werden. So kann der Bewegungs-Entspannungs-Typ bei aller Dynamik dennoch zu innerer Ruhe finden.

Mischtypen

Bei den meisten Menschen finden wir eine Kombination aus zwei oder drei Typen, wobei eine Wesensart besonders stark ausgeprägt ist. Bei den Mischtypen überwiegt je nach Situation die eine oder die andere typspezifische Reaktion. Auch im körperlichen Bereich zeigen sich Anteilsüberschneidungen. So neigt beispielsweise der Bewegungs-Entspannungs-Typ zur Körperfülle, ist aber gleichzeitig athletisch.

Die beschriebenen Merkmale treten in der Realität meist nicht in ihrer Reinform, sondern gemischt auf. Jeder Mensch bekommt bei seiner Geburt etwas von jedem Merkmalstyp mit auf den Weg.

Der Empfindungs-Bewegungs-Typ

Er ist leicht und feingliedrig, eher sehnig und knochig, aber muskulöser als der reine Empfindungstyp. Wie dieser bewegt er sich gern und viel. Im Vergleich zum Empfindungstyp ist er dynamischer und willensstärker. Daher ist er physisch und psychisch belastbarer und beständiger. Er ist weniger anfällig für Erschöpfungszustände.
Er profitiert zudem von der guten Verdauung des Bewegungstyps: Nervöse Magen- und Darmbeschwerden sind bei ihm seltener anzutreffen, und Übergewicht ist so gut wie ausgeschlossen.

Der Empfindungs-Entspannungs-Typ

Eine Kombination aus diesen beiden Typen ist in der Praxis eher selten anzutreffen, da sie eher gegensätzliche Reaktionsmuster und körperliche Merkmale zeigen.
Menschen mit dieser Typenkombination lassen sich als Entspannungstypen charakterisieren, denen die Körperfülle fehlt. Sie sind meistens schlank und zeichnen sich durch innere Ruhe und Ausgeglichenheit aus, die bei Empfindungstypen so nicht vorkommt.
Bei dieser Typenkombination ist die Verdauungsleistung eher schwach, und es kann zu leichtem Übergewicht kommen.

Es kann sein, dass ein Mensch seine Typanteile phasenweise unterschiedlich stark auslebt – indem etwa ein Empfindungs-Bewegungs-Typ zeitweise zurückgezogen lebt und sich bei anderer Gelegenheit sportlich austobt.

Der Bewegungs-Entspannungs-Typ

Menschen mit dieser Typenkombination sind, vor allem wenn die Bewegungsmerkmale überwiegen, die geborenen Schwerathleten. Die Körperfülle des Entspannungstyps vereinigt sich mit der Athletik und Muskelkraft des Bewegungstyps. Die innere und äußere Stabilität des Entspannungstyps zusammen mit der Kraft und Dynamik des Bewegungstyps ergibt meist eine robuste Konstitution und hieraus resultierend eine hervorragende Gesundheit.
Je stärker der Bewegungsanteil ausgeprägt ist, umso besser ist die Verdauungsleistung, und umso seltener treten Gewichtsprobleme auf.

Der Empfindungs-Bewegungs-Entspannungs-Typ

Seltener als die Kombination aus zwei Konstitutionstypen findet sich der Mischtyp, bei dem keine der drei Typausprägungen deutlich überwiegt. Dieser Typ ist in der Regel sehr ausgeglichen und hat ein großes Repertoire an Reaktionsweisen zur Verfügung.
Menschen, bei denen keine der drei typischen Merkmalsausprägungen dominiert, erfreuen sich in der Regel einer guten Gesundheit und fallen durch ein fröhliches und ausgeglichenes Wesen auf. Sie können sich bei ihrer Ernährung frei nach ihrem persönlichen Geschmack und der Bekömmlichkeit der Nahrungsmittel richten.

Kurprogramm für den Empfindungstyp

Er ist feinfühlig, sensibel und braucht Wärme, um sich rundum wohl zu fühlen: der Empfindungstyp.

Der Empfindungstyp legt viel Wert auf eine verfeinerte Esskultur. Für ihn ist es besonders wichtig, dass bei den Mahlzeiten eine gute Atmosphäre herrscht, dass er entspannt ist und dass er das Essen voll und ganz genießen kann.

Beim Empfindungstyp isst das Auge immer mit: Er hat Geschmack, schätzt stilvolles Essen, guten Wein und ein schönes Ambiente. Seine Vorliebe gilt delikaten kleinen Häppchen. Die Nouvelle Cuisine ist ganz nach seinem Geschmack, während er derbe und schwer bekömmliche Hausmannskost eher ablehnt.

Aber Vorsicht: Sensibel wie der Empfindungstyp ist, kann man ihn leicht aus der Ruhe bringen. Er lässt sich beim Essen leicht ablenken, oft durch seine eigene Phantasie und Kreativität. Spannungen und Konflikte bei Tisch schlagen ihm sofort auf den Magen.

Vor allem der reine Empfindungstyp hat wenig Körperfett und wenig Muskelmasse. Selbst bei eifrigem Training bleibt der Muskelzuwachs gering. Auf den ersten Blick hat er deshalb auch keine Figurprobleme. Sein Gewebe ist allerdings tendenziell eher weich. Mit den Jahren kann es erschlaffen, und es kann sich auch etwas Fett ansetzen.

Eigenschaften, die die Kur unterstützen

Bevor der Empfindungstyp in einem Fastfoodrestaurant einen Hamburger verschlingt, isst er lieber gar nichts. Er ist äußerst wählerisch und bevorzugt kleine, aber delikate Leckereien. Darin liegt natürlich ein Vorteil: Mit Sushi, Nouvelle Cuisine und kleinen Häppchen kann man eigentlich nicht zunehmen – im Gegenteil. Der Empfindungstyp ist aber nicht nur schlank, weil er wenig isst, sondern weil er das Essen nur begrenzt verträgt und weil seine Verdauungskapazität gering ist.

Dennoch: Eine Kur wird auch diesem Typ gut tun. Seine ausgeprägte Phantasie kann er zur innerlichen Vorbereitung darauf nutzen, indem er sich intensiv vorstellt, sich einige Tage ausschließlich mit sich selbst zu beschäftigen, sich auf das eigene Wohlbefinden und die Ernährung zu konzentrieren und alle Mahlzeiten liebevoll zuzubereiten.

Eigenschaften, die der Kur hinderlich sind

Der Empfindungstyp kann sich oft schwer zu einer Kur durchringen. Das Problem dabei ist seine Spontaneität: Was er sich an einem Tag felsenfest vornimmt, hat er oft am nächsten schon wieder vergessen. Seine sprunghafte Natur spielt ihm häufig einen Streich und verhindert, dass er »bei der Stange bleibt«.
Er ist nicht besonders entscheidungsfreudig. Wenn er einmal ein paar Pfund zu viel auf die Waage bringt, dann stört dies sein Schönheitsempfinden zwar sehr, aber er kann sich meist trotzdem nicht zur konsequenten Durchführung einer Diät durchringen.
Auch seine Vorliebe für edles Konfekt und feine Törtchen macht das Kuren für den Empfindungstyp nicht eben leicht. Er tendiert dazu, im »Hier und Jetzt« zu leben, und scheut davor zurück, sich mit den Konsequenzen seines Handelns für die Zukunft auseinander zu setzen.

Für den Empfindungstyp ist eine regelmäßige Einnahme der Mahlzeiten unbedingt zu empfehlen – besser als drei große sind dabei fünf kleine Portionen. Besonders wichtig sind Rituale zur Beruhigung eines hektischen Alltags.

So kuren Sie richtig

Wenn Sie ein Empfindungstyp sind, ist es wahrscheinlich, dass Sie sich bereits mit ganzheitlicher Gesundheit beschäftigt und so manches ausprobiert haben. Im Folgenden dennoch einige Tipps:
Wichtig ist, dass Sie es sich während der Kur richtig gut gehen lassen und für eine gute Atmosphäre in Ihrem Umfeld sorgen. Nur so sind Sie entspannt genug, um sich auf eine Kur einzulassen. Auf das Zeitunglesen und Fernsehen bei Tisch sollten Sie verzichten und stattdessen die Kurmahlzeiten ganz bewusst als Ritual wahrnehmen. Entscheiden Sie sich für ein festgelegtes Programm, und nehmen Sie sich dabei eher weniger, dieses Wenige dafür aber verbindlich vor.
Besonders empfehlenswert ist für Sie eine Molke-Reis-Vitalkur. Von einer Fastenkur sollten Sie besser Abstand nehmen, denn Hungern tut Ihrem Stoffwechsel und Ihrem zarten Körper nicht gut. Mit aufwändigem Kalorienzählen müssen Sie sich nicht beschäftigen. Ziel der Kur sollte es vielmehr sein, dem Körper Spannkraft und Vitalität zu geben, zu entschlacken, den Darm in Schwung zu bringen, das Immunsystem zu stärken und der Seele etwas Gutes zu tun.

Empfindungstypen haben häufig einen empfindlichen Magen. Sie sollten daher warme Getränke bevorzugen und selbst im Sommer auf eiskalte Drinks verzichten. Trinken Sie zimmerwarmes, stilles Mineralwasser und Kräutertees.

Stellen Sie sich frühzeitig, spätestens am Vortag, auf den Beginn Ihrer Kur ein. Sorgen Sie für die richtige Atmosphäre. Besorgen Sie alles, was Sie dazu benötigen. Denken Sie dabei auch an Ihr Wellness-, Fitness- und Kosmetikprogramm, falls Sie neben den Lebensmitteln eventuell noch ein Buch, eine CD, ein bestimmtes Aromaöl, einen Badezusatz oder eine Gesichtsmaske einkaufen möchten. Die Molke-Reis-Vitalkur dauert sieben Tage. Ideal wäre es, wenn Sie für die Dauer der Kur Urlaub nehmen könnten. Falls das nicht möglich ist, beginnen Sie mit dem Programm am Wochenende.

Was Sie für die Molke-Reis-Vitalkur benötigen

▶ Sie benötigen pro Tag 1 Liter »Heirler Diätkurmolke« und pro Woche 3 Päckchen »Dr. Ritter Reistag« (beides erhältlich im Reformhaus), dazu frisches Obst – bevorzugt Bananen und Äpfel – und Trockenfrüchte – insbesondere Aprikosen und Pflaumen. Besorgen Sie außerdem frisches Gemüse – vorzugsweise Möhren –, Kräuter zum Würzen sowie Milch und Gemüsebrühe zur Zubereitung des »Reistags«.

▶ Trinken Sie über den Tag verteilt 5 Portionen zimmerwarme Molke. Wenn Sie möchten, können Sie sie mit Mangovollfrucht verfeinern. Trinken Sie außerdem nach Geschmack reichlich heißen Kräutertee – besonders für Ihren Konstitutionstyp geeignet sind Rosmarin- und Buchweizentee. Zusätzlich kann in beliebiger Menge stilles Mineralwasser getrunken werden.

▶ Zur Kur gehören außerdem täglich 2 bis 3 Portionen »Reistag« aus Vollkornreisflocken, die Sie auf vielfältige Weise zubereiten können. Für eine Mahlzeit benötigen Sie 5 bis 8 Esslöffel Flocken. Der »Reistag« wird in Gemüsebrühe oder Milch einmal aufgekocht und mit Honig, Vanille, Zimt, Koriander, Petersilie oder Hefe gewürzt.

▶ Geben Sie je nach Geschmack eingeweichte Trockenfrüchte, geriebenen Apfel oder zerdrückte Banane hinzu. Wer es pikanter mag, nimmt stattdessen fein geschnittenes oder geraspeltes Gemüse. Zur Verfeinerung eignet sich etwas flüssige oder geschlagene Sahne. Wenn es Ihnen schmeckt und Sie morgens schon entsprechend Appetit haben, können Sie den »Reistag« auch zum Frühstück verzehren.

Kleine Warenkunde

▶ Molke enthält hochwertiges Eiweiß, lebenswichtige Vitamine und Mineralstoffe. Durch ihren hohen Gehalt an Milchzucker und rechtsdrehender L(+)-Milchsäure hat Molke einen günstigen Einfluss auf die Darmflora. Über diese wird die Darmtätigkeit angeregt und die Verdauung auf schonende Weise reguliert.
Bei der Diätkurmolke handelt es sich um ein Spezialprodukt, das mit Eiweiß angereichert wurde. Ihr Eiweißgehalt ist etwa fünfmal so hoch wie der von normaler Molke. Diätkurmolke ist ein optimaler Nährstoffträger mit einer besonders hohen Nährstoffdichte und daher für Kuren besonders gut geeignet. Diätkurmolke versorgt aber nicht nur den Körper während einer Kur optimal mit Nährstoffen und hilft dem Organismus wieder auf die Sprünge, sie schmeckt auch ausgezeichnet. Durch die Eiweißanreicherung hat sie eine etwas sämige Konsistenz und erinnert im Geschmack leicht an Buttermilch.
▶ Bei »Reistag« handelt es sich um Vollkornreis in Flockenform. Er ist durch seine spezielle Aufbereitung in kürzester Zeit tischfertig, dabei leicht verdaulich, gut bekömmlich und reich an wertvollen Vitaminen und Mineralstoffen. Das günstige Kalium-Natrium-Verhältnis fördert die Entwässerung und damit die Entlastung des Organismus. Die feinen Flocken sind sehr bekömmlich für den Darm.

Einkaufsliste für die nächsten sieben Tage

▶ 7 Liter »Heirler Diätkurmolke«
▶ 3 Päckchen »Dr. Ritter Reistag«
▶ 1 Päckchen Trockenaprikosen (250 Gramm)
▶ 1 Päckchen Trockenpflaumen (250 Gramm)
▶ 1 Päckchen bzw. 1 kleines Glas Gemüsebrüheextrakt
▶ 2 Päckchen Kräutertee (bevorzugt Buchweizen- oder Rosmarintee)
▶ 1 Flasche Mangovollfrucht
▶ Frisches Obst (bevorzugt Äpfel und Bananen)
▶ Frisches Gemüse (bevorzugt Möhren) und frische Kräuter
▶ Gewürze nach Ihrem persönlichen Geschmack

Molke ist das ideale Lebensmittel zur Unterstützung einer Diät. Sie entwässert und transportiert dabei Schadstoffe ab. Molke ist fett- und kalorienarm, versorgt den Körper aber mit allen wichtigen Nährstoffen.

So sieht Ihr erster Kurtag aus

Auch wenn das Wetter nicht strahlend schön sein sollte – dieser Tag wird ein guter Tag, denn Sie beginnen mit Ihrer Kur und sind dabei die Hauptperson. Gönnen Sie es sich, einmal ohne Wecker aufzustehen, und schlafen Sie so lange, bis Sie von selbst aufwachen. Nach dem Aufwachen springen Sie bitte nicht sofort aus dem Bett, sondern dehnen, räkeln und strecken Sie sich erst einmal ausgiebig; dadurch werden Gelenke und Muskulatur erfrischt und das Körperbewusstsein gestärkt. Trinken Sie als erstes einen warmen, anregenden Rosmarintee. Anschließend wären einige leichte Gymnastikübungen optimal, in der warmen Jahreszeit möglichst im Freien oder am offenen Fenster. Falls Sie lieber tanzen, stellen Sie das Radio ein, und bewegen Sie sich frei nach der Musik. Reiben Sie danach Ihren Körper vorsichtig und liebevoll mit einem nicht zu harten Sisalhandschuh ab, und erfrischen Sie sich abschließend mit einer Wechseldusche.

Das Frühstück sollte auch nach der Kur vorwiegend aus warmen Getreidespeisen und aus nicht gekühlten Zutaten bestehen. Geeignet sind beispielsweise Porridge mit Backpflaumen oder Haferflocken mit geriebenem Apfel.

Frühstück

Nehmen Sie sich viel Zeit für das Frühstück: Das sorgt für einen guten Start in den Tag. Essen Sie langsam und konzentriert, genießen Sie jeden Bissen, lassen Sie den Fernseher ausgeschaltet, und lesen Sie die Zeitung später.

- Kochen Sie ausreichend Kräutertee fürs Frühstück und für den restlichen Vormittag. Füllen Sie ihn in eine Thermoskanne.
- Nehmen Sie ein besonders schönes Glas, und füllen Sie es mit Molke. Die Molke sollte zimmerwarm sein.
- Für die erste Portion Reis benötigen Sie 5 bis 8 Esslöffel Reisflocken, die Sie in 200 bis 250 Milliliter heiße Milch einrühren, mit etwas Vanille würzen und mit 1 zerdrückten Banane mischen.
- Verbringen Sie den Vormittag gemütlich mit Lesen oder einem Spaziergang in schöner Umgebung. Aromatisieren Sie Ihre Wohnung mit einem ätherischen Öl, das Ihnen zusagt, eventuell mit Lavendel.
- Vergessen Sie nicht, zwischendurch Tee, stilles Mineralwasser und gegen Mittag Ihr zweites Glas Molke zu trinken.

Mittagessen

- Bereiten Sie sich frischen Tee zu – bevorzugt Buchweizentee. Er macht die Kapillaren durchlässiger und festigt die Gefäße.
- Stellen Sie Ihr drittes Glas Molke bereit.
- Für die zweite Reisportion benötigen Sie 5 bis 8 Esslöffel Reisflocken, die Sie in 200 bis 250 Milliliter heiße, salzarme Gemüsebrühe (aus Extrakt) einrühren, mit frischen, gehackten Kräutern würzen und mit 1 geriebenen Möhre vermischen. Falls Sie Ihren Reis lieber süß mögen, dann bleiben Sie eben bei der obstigen Variante. Sie können zur Abwechslung auch zuvor eingeweichte Trockenaprikosen, -pflaumen oder -pfirsiche verwenden. Trockenfrüchte sind besonders kaliumreich und entwässern dadurch gut.
- Nach dieser Mahlzeit machen Sie einen kurzen Mittagsschlaf oder – falls Ihnen der Sinn eher nach Bewegung steht – einen längeren Spaziergang bzw. eine Radtour.
- Trinken Sie auch am Nachmittag genügend Tee, Mineralwasser und gegen Abend wieder 1 Glas Molke.
- Zur »blauen Stunde« sollten Sie etwas besonders Angenehmes tun: z. B. Lesen, Musik hören oder Meditieren.

Bei der Gemüseauswahl ist es wichtig, nicht zu grobe und ballaststoffreiche, sondern eher zarte und leicht bekömmliche Sorten auszuwählen, wie beispielsweise Möhren, Fenchel, Zucchini, Auberginen, Kürbis oder Tomaten.

Sein Reichtum an Ballaststoffen und seine Bekömmlichkeit machen den Fenchel zum idealen Heilgemüse für den Empfindungstyp, der häufig unter Verdauungsproblemen leidet.

Abendessen

▶ Bereiten Sie sich frischen Tee für den Abend zu, eventuell auch für die Nacht. Füllen Sie ihn in eine Thermoskanne.

▶ Stellen Sie die restliche Molke bereit (1 Liter pro Tag sollten Sie getrunken haben).

▶ Für die dritte Reisportion benötigen Sie 5 Esslöffel Reisflocken, die Sie in 200 Milliliter heiße Milch einrühren, mit Vanille oder Zimt würzen und mit 1 frischen, geriebenen Apfel vermischen.

▶ Nehmen Sie sich Zeit zum Essen, und konzentrieren Sie sich ganz auf die Mahlzeit. Wenn der Abend schön ist, machen Sie anschließend noch einen kleinen Spaziergang.

▶ Danach nehmen Sie ein entspannendes, nicht zu heißes Bad und verwenden als Badezusatz einen Ihrer Lieblingsdüfte. Gehen Sie früh schlafen. So ähnlich gestalten Sie auch die nächsten Tage der Kur.

Verfeinern Sie Ihre Reismahlzeit mit bitterstoffhaltigen, verdauungsfördernden Gewürzen. Bei Verdauungsbeschwerden können Sie auch Leinsamen, eingeweichte Backpflaumen oder kleine Mengen Milchzucker unterrühren.

Welche Kuren weiterhin für Sie geeignet sind

Suppenkur

▶ Da delikat zubereitete Suppen häufig zu den Lieblingsspeisen der Empfindungstypen gehören, können Sie alternativ auch eine Suppenkur kreieren. Dabei essen Sie 7 Tage lang ausschließlich Gemüse- oder Kartoffelsuppen. Kochen Sie das Gemüse in salzarmer Gemüsebrühe (Extrakt) gar, pürieren Sie es mit dem Pürierstab, und schmecken Sie es mit Gewürzen und frischen Kräutern ab. Verzichten Sie bei der Zubereitung der Suppen auf Fett und Salz. Trinken Sie zusätzlich über den Tag verteilt mindestens 2 Liter Tee.

Obstkur

▶ Falls Sie unter den Obstsorten einen Favoriten haben, dann machen Sie damit eine Obstkur: Essen Sie pro Tag etwa 1 Kilogramm mildes Obst (bevorzugt Bananen, Pfirsiche oder Aprikosen). Sie können das Obst pur essen oder Salate daraus zubereiten. Trinken Sie zusätzlich über den Tag verteilt 1 bis 2 Liter Kräutertee und 1-mal pro Tag eine warme, salzarme Gemüsebrühe.

Kartoffel-Quark-Kur

▶ Auch eine Kartoffel-Quark-Kur könnte Ihnen gut tun: Essen Sie 7 Tage lang 3-mal täglich 1 bis 2 Pellkartoffeln und dazu etwa 150 Gramm Magerquark. Bereiten Sie den Quark mit Gemüse und frischen Kräutern, jedoch ohne Salz und Fett zu. Trinken Sie zusätzlich über den Tag verteilt etwa 2 Liter Kräutertee.

Fitness- und Wellnessprogramm

Sie können die Wirkung Ihrer Kur noch intensivieren, wenn Sie sich zusätzlich ein individuelles Fitness- und Wellnessprogramm zusammenstellen. Dabei sollten Sie nur Übungen durchführen, die Ihnen auch wirklich Spaß machen – diese dafür aber regelmäßig.

▶ Da bei Ihnen die Tendenz zu Bindegewebsschwäche, Verdauungsstörungen, niedrigem Blutdruck und Infektionsanfälligkeit besteht, sind für Sie allgemein kräftigende, tonisierende und die Ausdauer fördernde Übungen wie Joggen, Walking und Fahrradfahren gut geeignet. Die Muskelkräftigung sollte bei Ihnen mehr durch gymnastische Übungen – ruhig auch in Verbindung mit Musik – und weniger mit Hilfe von Geräten erfolgen.

Nerven, Herz und Kreislauf stärken

▶ Zur Kreislaufanregung und Gefäßstärkung sind kneippsche Anwendungen, Wechselduschen und regelmäßige Saunagänge sehr zu empfehlen. Sie müssen nicht ins kalte Tauchbecken springen – es reicht auch, wenn Sie Ihren Körper mit kneippschen Güssen oder mit Hilfe eines Wasserschlauchs abkühlen. Wenn Sie trockene Haut haben, sollten Sie nach der Kur die Saunagänge wieder reduzieren und viel trinken, um dem Körper die verlorene Flüssigkeit wieder zuzuführen.

▶ Gezielte Entspannungsübungen wie Yoga, autogenes Training oder regelmäßige Meditation wirken der Empfindungstypen eigenen Nervosität und Übererregbarkeit entgegen. Es empfiehlt sich, diese Übungen auch nach der Kur regelmäßig durchzuführen.

Lassen Sie bei Abgeschlagenheit oder Kreislaufproblemen kaltes Wasser aus dem Wasserhahn auf die Innenseite der Handgelenke fließen, genau an die Stelle, wo man den Puls misst. Ideal sind auch Arm-, Unterschenkel- und Kniegüsse.

▶ Verwöhnen Sie sich gerade während der Kur mit duftenden Ölbädern. Ideal ist ein Vollbad von etwa 20 Minuten Dauer. Aromatisieren Sie Ihre Wohnung mit ätherischen Ölen, die Sie beruhigen und entspannen, beispielsweise mit Lavendel.

Nahrungsergänzung

▶ Zur Stärkung des Bindegewebes und des Immunsystems sind vor allem Vitamin-C-reiche Lebensmittel und natürliche Nahrungsergänzungsmittel wie Acerola, Holunder und Sanddorn zu empfehlen. Sie sind dem synthetischen Vitamin C überlegen, da die in ihnen enthaltenen Flavonoide die Wirkung auf das Bindegewebe verstärken.
▶ Das Bindegewebe stärkend wirken auch Kieselsäurepräparate, die das Spurenelement Silizium enthalten. Silizium sorgt dafür, dass die Haut straff und elastisch bleibt.
▶ Bei einer vererbten Neigung zu Krampfadern hat es sich bewährt, entweder Buchweizendragees einzunehmen oder täglich 2 Tassen Buchweizenkrauttee zu trinken.

Ob eine Neigung zu Osteoporose besteht, kann der Arzt heutzutage auch schon vor Eintreten der Wechseljahre feststellen, indem er eine Messung der Knochendichte vornimmt. Eine Vorsorgeuntersuchung lohnt sich also!

Stabilität für Knochen und Immunsystem

▶ Besonders Frauen, die dem Empfindungstyp zuzuordnen sind, haben ein erhöhtes Risiko, später an Osteoporose (Knochenschwund) zu erkranken. Bei der Osteoporose kommt es nach den Wechseljahren zu einem übermäßigen Abbau von Knochensubstanz, was zu einer erhöhten Bruchanfälligkeit führt. Gefährdete Frauen sollten daher frühzeitig etwas für die Stärkung der Knochen tun.
Wichtig sind in diesem Zusammenhang Bewegung an der frischen Luft sowie eine gute Vitamin-D- und Kalziumversorgung. Sie wird durch Milch und Milchprodukte gewährleistet. Der Körper kann aber auch selbst Vitamin D produzieren, wenn die Haut mit UV-Strahlen in Berührung kommt. Halten Sie sich daher möglichst häufig im Freien auf, aber bleiben Sie nicht allzu lange ungeschützt in der prallen Sonne, damit Sie sich keinen Sonnenbrand holen.

▶ Empfindungstypen, die unter Verdauungsbeschwerden, Appetitlosigkeit oder Blähungen leiden, sollten vor dem Essen einen bitterstoffhaltigen Tee, ein Tonikum mit bitterstoffhaltigen Pflanzenextrakten oder einen Aperitif trinken. Die Bitterstoffe regen den Appetit und die Produktion von Verdauungssäften an, so dass die Speisen besser desinfiziert und verdaut werden. Bitterstoffhaltige Pflanzen sind z. B. Wermut, Enzian, Tausendgüldenkraut, Kalmus, Löwenzahn und Schafgarbe. Nach dem Genuss von schwer verdaulichen, fettreichen Speisen hilft ein »Bittercocktail« aus dem Saft dieser Pflanzen.

▶ Auch »Molkur«, ein auf Molkebasis hergestellter Extrakt, regt die Verdauung an und wirkt sich sehr positiv auf das Immunsystem aus.

Die Ginsengwurzel wird in China und Japan seit Jahrhunderten als allgemeines Kräftigungsmittel verwendet. Sie stärkt Nerven, Herz und Kreislauf und steigert die körperliche und geistige Leistungsfähigkeit.

Tipps für die Nachkur

▶ In den ersten 4 Wochen, die auf die Kur folgen, sollten Sie 3-mal täglich jeweils 25 bis 30 Tropfen »Molkur« mit viel lauwarmem Wasser verdünnt trinken.

▶ Als abendlichen Cocktail gönnen Sie sich über einen längeren Zeitraum ein Ginsengtonikum.

Ginseng wird meist in Form von Extrakten, Tinkturen und Aufgüssen angewendet. Er beseitigt Disharmonien in Körper und Seele und fördert die Leistungsfähigkeit.

Schönheitspflege

Die Haut vieler Empfindungstypen neigt zu Trockenheit und ist besonders empfindlich gegen Reize, vor allem durch Kälte. Sorgfältige Pflege und Schutz vor schädlichen Umwelteinflüssen ist daher besonders wichtig.

▶ Bevorzugen Sie Naturkosmetik, die sich durch einen hohen Gehalt an natürlichen Fetten und Ölen (Vitamin E) sowie anderen wertvollen Inhaltsstoffen auszeichnet.

▶ Achten Sie bei Tages- und Nachtcremes auf ein ausgewogenes Verhältnis zwischen Fett und Feuchtigkeit. Verwenden Sie im Winter auch tagsüber eine Nachtcreme oder eine sehr fetthaltige Tagescreme, da sie mehr Schutz vor aggressiver Kälte bietet. Auch Gesichtspflegeöle mit Karotin sind empfehlenswert. Verwenden Sie statt Gesichtswasser lieber Feuchtigkeitsspender.

Zu häufiges Waschen, Seife oder alkoholhaltige Pflegeprodukte setzen dem ohnehin dünnen Schutzfilm trockener Haut noch mehr zu. Verwenden Sie möglichst nur lauwarmes Wasser und sanfte Reinigungs- oder Badeöle.

Balsam für trockene und empfindliche Haut

▶ Gönnen Sie sich während der Kur häufiger – später dann einmal pro Woche – eine feuchtigkeitsspendende, pflegende Maske zur Entspannung. Führen Sie die Anwendung in einem gut klimatisierten, mit Duftölen aromatisierten Raum durch.

▶ Als Intensivkurpflege sind hochwertige Ampullenpräparate besonders empfehlenswert.

▶ Wenn Sie dem Empfindungs-Bewegungs-Typ zuzuordnen sind, ist es auch für Sie angebracht, sich im Winter besonders vor Kälte und im Sommer vor intensiver UV-Einstrahlung zu schützen.

▶ Kosmetik von innen bedeutet für Sie vor allem, ausreichend zu trinken – und das nicht nur während der Kur.

▶ Pflegende Ölbäder mit Lavendel, Melisse, Baldrian und Hopfenzusätzen oder auch ein Molkebad (1 bis 2 Liter Molke ins Badewasser geben) üben auf Haut und Psyche eine beruhigende Wirkung aus.

▶ Eine intensive Pflege mit Bodylotions oder hochwertigen Hautfunktionsölen – hauptsächlich an Rücken, Ellbogen und Knien – ist jetzt besonders wichtig.

Wohlfühlprogramm für danach

Wenn Ihnen die Molke-Reis-Vitalkur gut bekommen ist, können Sie auch in den folgenden zehn Wochen jeweils einen Kurtag mit diesen Nahrungsmitteln einlegen.

▶ Essen Sie auch weiterhin nur, wenn Sie entspannt sind, und sorgen Sie für eine harmonische Atmosphäre. Wenn Sie in Eile oder gestresst sind, lassen Sie lieber eine Mahlzeit ausfallen und essen stattdessen eine Banane oder Vollkorngebäck.

▶ Bei Ihrer Ernährung sollten Sie weniger auf Kalorien und Fett, sondern auf eine sorgfältige Zusammenstellung und gute Bekömmlichkeit achten. Beim Gemüseeinkauf ist es beispielsweise wichtig, nicht zu grobe und ballaststoffreiche, sondern eher zarte, leicht bekömmliche Sorten wie Möhren, Fenchel, Zucchini, Auberginen, Kürbisse oder Tomaten auszuwählen. Bevorzugen Sie schonende Garmethoden wie Dünsten und Dämpfen.

Alltagstipps mit großer Wirkung

▶ Bei Verdauungsbeschwerden sollten Sie vor den Mahlzeiten einen appetitanregenden und verdauungsfördernden Tee, beispielsweise aus Schafgarbe, trinken. Nehmen Sie regelmäßig Leinsamen, eingeweichte Backpflaumen und kleine Mengen Milchzucker ein.

▶ Wichtig ist, dass der reine Empfindungstyp an das Essen erinnert wird. Er sollte daher immer eine Kleinigkeit parat haben. Dies gilt ganz besonders für den Mischtyp Empfindung-Bewegung, der einen stetigen Energiefluss braucht. Ideal sind feine Nüsse, Nuss- und Fruchtschnitten, Trockenfrüchte, zartes Gebäck, Fruchtjoghurts, milde Früchte, Müslis und Milchmixgetränke.

▶ In der kalten Jahreszeit ist manchmal schon zum Frühstück eine warme, salzarme Suppe aus Getreide oder Gemüse genau das Richtige für Sie. Verfeinern Sie sie mit etwas Sahne oder Butter.

▶ Achten Sie darauf, immer ausreichend zu trinken, bevorzugt Tees und hochwertige Fruchtsäfte, die mit Milch verrührt oder mit Wasser verdünnt werden können.

Ganze Getreidekörner sollten Sie nach Möglichkeit nicht roh oder gekeimt, sondern nur gut gegart verzehren. Empfindungs-Bewegungs- und Empfindungs-Entspannungs-Typen sollten die Verträglichkeit testen.

Rezepte für den Empfindungstyp

Porridge very british

Zutaten (für 2 Portionen): 400 ml Milch • 60 g kernige Haferflocken
1 Prise Meersalz • Schale von 1/2 unbehandelten Zitrone
6 Trockenpflaumen • 2 EL Honig • 1 Prise Zimt • 1 Prise Vanille
100 ml Sahne
Zubereitung: Die Milch zum Kochen bringen, Haferflocken, Salz und Zitronenschale zugeben, bei geringer Hitze etwa 20 Minuten quellen lassen. Nach 10 Minuten die klein geschnittenen Trockenpflaumen zugeben. Mit Honig, Zimt und Vanille abschmecken. In einen tiefen Teller füllen und mit der Sahne übergießen.

Möhren sind das ganze Jahr über zu haben. Frisch gibt es sie von Juni bis Oktober. Karotin, ihren bekanntesten Inhaltsstoff, wandelt der Körper in Vitamin A um – vorausgesetzt, man isst die Möhren mit etwas Fett.

Möhrenfrischkost mit gehackten Nüssen

Zutaten (für 2 Portionen): 3 mittelgroße Möhren • Saft von 1 Orange
1 EL Haselnussmus aus dem Reformhaus • 1 Prise Meersalz
1 Prise gemahlener Koriander • 1 EL grob gehackte Haselnüsse
50 ml Sahne
Zubereitung: Die Möhren waschen, auf der Rohkostreibe raspeln, mit Orangensaft, Haselnussmus, Meersalz, Koriander und Nüssen vermischen. Die Sahne leicht anschlagen und vorsichtig unterrühren.

Kräutersuppe

Zutaten (für 2–4 Portionen): 40 g Butter oder Reformhausmargarine
20 g Weizenmehl Type 1050 • 600 ml Gemüsebrühe (Extrakt)
1 Lauchzwiebel • 1 Bund glatte Petersilie • 1 Bund Schnittlauch
100 g Spinat • einige Blätter Sauerampfer • 100 ml Sahne
Meersalz • 1 Prise Schabziegerklee • 1 Prise Pfeffer • 3 EL Zitronensaft
1 Eigelb • 1 EL Kürbiskerne
Zubereitung: Butter oder Margarine aufschäumen, Mehl einrühren und leicht anschwitzen. Gemüsebrühe nach und nach zugeben und mit dem Schneebesen verrühren. Im geschlossenen Topf etwa 10 Mi-

nuten bei geringer Hitze kochen lassen. Ab und zu umrühren. Lauchzwiebel, Petersilie, Schnittlauch, Spinat- und Sauerampferblätter waschen, trockenschleudern und klein schneiden. 50 Milliliter Sahne (den Rest steif schlagen) zur Suppe geben, nochmals aufkochen. Mit Meersalz, Schabziegerklee, Pfeffer und Zitronensaft abschmecken. Etwas Suppe mit dem Eigelb verquirlen und wieder in die restliche Suppe einrühren. Nicht mehr aufkochen. Die geschlagene Sahne unterziehen und die Suppe auf vorgewärmte Teller verteilen. Mit gerösteten Kürbiskernen bestreut servieren. Dazu passt Vollkornbrot.

Grüner Spargel liefert mehr Vitamine und Mineralstoffe als weißer – vor allem Vitamin C und Magnesium. Rollen Sie im Bund verpackte Spargelstangen vorsichtig mit der Hand: Frische Stangen quietschen beim Aneinanderreiben leicht.

Grüne Spargelsuppe

Zutaten (für 2 Portionen): 250 g grüner Spargel • 20 g Butter
1 EL Vollkornmehl • 400 ml Gemüsebrühe (Extrakt) • 50 ml Sahne
Meersalz • Cayennepfeffer • 1 Prise Curry • 1 Prise Zucker
1 EL Zitronensaft • etwas abgeriebene Zitronenschale • 2 Kerbelzweige
Zubereitung: Den Spargel am unteren Ende leicht abschälen, die holzigen Enden abschneiden. Die Spargelstangen in Stücke schneiden und in heißer Butter kurz andünsten. Mit Mehl bestäuben und mit Gemüsebrühe angießen, bis der Spargel bedeckt ist. Etwa 15 Minuten garen. Einige Spargelköpfe zur Garnitur beiseite legen, den Rest mit dem Pürierstab fein pürieren. Restliche Gemüsebrühe und Sahne zugeben, einige Minuten kochen lassen. Mit Salz, Cayennepfeffer, Curry, Zucker und Zitronensaft abschmecken. In angewärmte Teller füllen, mit abgeriebener Zitronenschale und Kerbelblättchen garnieren.

Kokos-Kartoffel-Suppe

Zutaten (für 2 Portionen): 200 g mehlig kochende Kartoffeln
1 mittelgroße Zwiebel • 1 EL Butter oder Reformhausmargarine
400 ml Gemüsebrühe (Extrakt) • 1 unbehandelte Zitrone
50 g Crème fraîche • 100 ml ungesüßte Kokosmilch • 1 kleines Stück
Ingwer bzw. etwas Ingwerpulver • Meersalz • schwarzer Pfeffer
1 Prise Cayennepfeffer • 1 TL Honig • 1 mittelgroße Möhre
1–2 EL Kokosflocken, in einer Pfanne ohne Fett leicht angeröstet

Zubereitung: Die Kartoffeln schälen und in Stücke schneiden. Die Zwiebel abziehen und fein würfeln. Beides in der Butter oder Margarine andünsten, mit Gemüsebrühe angießen und etwa 20 Minuten garen. Mit dem Pürierstab pürieren. Die Zitrone waschen, den Saft auspressen, die Schale fein reiben. Den Saft mit der Crème fraîche und der Kokosmilch verrühren. Zu der Kartoffelcreme geben und nochmals aufkochen. Den Ingwer schälen und fein hacken. Die Suppe mit Ingwer, Zitronenschale, Salz, Pfeffer, Cayennepfeffer und Honig würzen. Die Möhre in feine Streifen schneiden oder raspeln. Mit den Kokosflocken über die Suppe streuen. Dazu passt Vollkorntoast mit Butter.

Möhrensoufflé

Zutaten (für 2–4 Portionen): 200 g Möhren • 1–2 Eier • 50 g Quark
20 g Frischkäse • 1 EL frisch geriebener Parmesan • Salz
schwarzer Pfeffer • frisch geriebene Muskatnuss
Zubereitung: Die Möhren schälen, in Stücke schneiden und in kochendem Wasser etwa 10 Minuten garen. Abgießen und pürieren. Eier, Quark und Käse zugeben. Mit Salz, Pfeffer und Muskatnuss würzen. 4 Soufflèförmchen fetten, die Masse einfüllen, im vorgeheizten Backofen bei einer Temperatur von 180 °C etwa 35 bis 40 Minuten garen. Herausnehmen, stürzen und servieren.

Achten Sie bei der Zubereitung eines Soufflés unbedingt darauf, den Backofen während der Garzeit nicht zu öffnen: Solange das Soufflé innen noch eine flüssige Konsistenz hat, fällt es beim geringsten Luftzug in sich zusammen.

Forellenfilet auf grünem Spargel

Zutaten (für 2–4 Portionen): 500 g grüner Spargel • Meersalz
2 Forellenfilets (im Fischgeschäft filetieren lassen) • 1 TL Butter
1 Bund Brunnenkresse • Saft von 1/2 Zitrone • 2 EL Olivenöl
Zubereitung: Den grünen Spargel waschen, im unteren Drittel schälen und die holzigen Enden wegschneiden. Leicht gesalzenes Wasser in einem Topf zum Kochen bringen und die Spargelstangen darin in etwa 8 Minuten bissfest garen. Die Forellenfilets waschen und mit Küchenkrepp trockentupfen. Die Butter in einer beschichteten Pfanne zerlassen und die Forellenfilets darin bei geringer Hitze von jeder Seite etwa 3 Minuten goldbraun braten.

Die Brunnenkresse waschen und hacken. Aus Zitronensaft, Meersalz und Olivenöl eine Marinade anrühren. Den Spargel abtropfen lassen, auf zwei Teller geben, die Forellenfilets darauf anrichten, zum Schluss mit der Marinade beträufeln und mit Brunnenkresse bestreuen.

Polentasoufflé auf Steinpilzen

Zutaten (für 4 Portionen): 120 g Polenta • 400 ml Gemüsebrühe (Extrakt) • 1 Knoblauchzehe • 3 Eier • 1 EL geriebener Hartkäse
200 g Steinpilze • 2 EL Butter oder ungehärtete Pflanzenmargarine
1 Stängel glatte Petersilie • schwarzer Pfeffer • etwas Zitronensaft
Zubereitung: Die Polenta in die kochende Gemüsebrühe geben, etwa 20 Minuten ausquellen lassen. Die zerdrückte Knoblauchzehe, 1 ganzes Ei und 2 Eigelbe unterrühren. Das Eiweiß steif schlagen und zusammen mit dem Käse vorsichtig unterheben. In gefettete Förmchen füllen. Im vorgeheizten Backofen im Wasserbad bei 150 bis 200 °C etwa 35 Minuten garen. Steinpilze putzen, vorsichtig waschen, trocknen und in Scheiben schneiden. In Butter oder Margarine anbraten. Gehackte Petersilie, Pfeffer und Zitronensaft zugeben, weitere 3 bis 4 Minuten dünsten. Das Soufflé stürzen und auf den Pilzen servieren.

Polenta ist fein ausgemahlener, getrockneter Mais, bei dem häufig vorher der Keim entfernt wird, um seine Haltbarkeit zu verbessern. Besonders in Norditalien erfreut sich Brei aus Maisgrieß der allergrößten Beliebtheit.

Polenta mit Steinpilzen ist ein klassisches Gericht der norditalienischen Küche. Es schmeckt auch hervorragend, wenn man die Steinpilze durch gedünsteten Lauch mit einem Schuss Sahne ersetzt.

Minipfannkuchen mit Lachs

Zutaten (für 2 Portionen): Teig: 100 ml Milch • Meersalz
1–2 Eier • 100 g Mehl Type 1050 • 2 EL Butter
Belag: 1/4 Packung Blattspinat • Meersalz • Muskatnuss
150 g Räucherlachs in Scheiben • 50 g Crème fraîche
Zubereitung: Den Spinat auftauen. Die Milch mit Salz und Eiern verquirlen, das Mehl nach und nach unterrühren und den Teig einige Minuten quellen lassen. Spinat erwärmen, mit Meersalz und Muskat würzen. Den Lachs in 6 Portionen aufteilen. Die Butter in einer Pfanne erhitzen und mit einem kleinen Schöpflöffel portionsweise den Teig hineingeben. 6 kleine Pfannkuchen ausbacken. Mit Crème fraîche bestreichen, den abgetropften Spinat und den Lachs darauf verteilen. Zusammenrollen und mit Zahnstochern zusammenstecken.

Mohnsamen haben einen leichten Haselnussgeschmack, der durch Kochen noch verstärkt wird. Sie werden bei uns vor allem zum Würzen von Brot und Gebäck verwendet. Gemahlen eignen sie sich gut zum Andicken von Gerichten.

Heiße Verführung

Zutaten (für 2 Portionen): 50 g Nougat • 300 ml Milch
1 Prise Ingwer • 1 EL Ahornsirup • 50 ml starker Espresso oder Kaffee
75 ml Sahne • 1 TL Kakaopulver
Zubereitung: Den Nougat in Stücke schneiden, in Milch und 5 Esslöffeln Wasser bei geringer Hitze schmelzen lassen. Ingwer und Ahornsirup zugeben, mit Espresso oder Kaffee abschmecken. Mit dem Mixer leicht aufschlagen und in vorgewärmte Gläser oder Tassen füllen. Die Sahne schlagen und jeweils einen Klacks auf die Schokolade geben. Zum Schluss mit etwas Kakaopulver bestäuben.

Mohnflan mit Orangensauce

Zutaten (für 6 Portionen): 250 ml Milch • 50 g Grieß • 50 g frisch gemahlener Mohn • 1 Prise Meersalz • 2 EL Akazienhonig
1 Prise echte Vanille (aus dem Reformhaus) • 1 EL grob gehackte Haselnüsse • 1 EL klein gehacktes Orangeat • 3 Eier (getrennt)
Saft und Schale von 2 unbehandelten Orangen • 1/2 TL Biobin (Johannisbrotkernmehl)

Zubereitung: Die Milch aufkochen, Grieß und Mohn einstreuen, 3 bis 5 Minuten bei mittlerer Hitze kochen lassen. Dabei immer wieder umrühren. Meersalz, Honig, Vanille, Nüsse, Orangeat und Eigelbe unterrühren, alles etwa 10 Minuten quellen lassen. Das Eiweiß steif schlagen und vorsichtig unterheben. Die Masse in gefettete Flanförmchen füllen. Im vorgeheizten Backofen bei einer Temperatur von 180 °C etwa 40 Minuten garen. Inzwischen den Saft und die Schale der Orangen mit dem Biobin vermischen. Die Sauce auf sechs Dessertteller verteilen. Den warmen Mohnflan aus den Förmchen stürzen und auf die Orangensauce setzen.

Quarkspeisen eignen sich gut als kleiner Imbiss fürs Büro: Man kann sie morgens ohne großen Aufwand zubereiten, und sie halten sich in einem gut verschlossenen Schraubglas auch ohne Kühlung einige Stunden lang frisch.

Erdbeer-Quark-Dessert

Zutaten (für 2 Portionen): 150 g Erdbeeren • 1/2 Tasse Milch
1 TL Zucker • 1 Prise Vanille • abgeriebene Schale von 1/2 unbehandelten Zitrone • 150 g Quark • 50 ml Sahne
Zubereitung: Die Erdbeeren waschen, putzen und in Stücke schneiden, 2 Erdbeeren als Garnierung beiseite legen. Die restlichen Erdbeeren mit der Milch, dem Zucker, der Vanille und der abgeriebenen Zitronenschale pürieren. Das Erdbeermus mit dem Quark verrühren, anschließend die Sahne steif schlagen und vorsichtig unterziehen. Das Quarkdessert in zwei Portionsschalen füllen, mit den restlichen Erdbeeren garnieren und vor dem Servieren mindestens 1 bis 2 Stunden in den Kühlschrank stellen.

Schlemmermenü für den Empfindungstyp

Stimmen Sie sich auf Ihr Menü ein – beispielsweise mit einem Campari-Aprikose, einem Sherry medium, einem kühlen Wermut oder einem alkoholfreien Getränk. Zum Menü passen ein leichter Weißwein, Mineralwasser und zum Abschluss ein weißer Dessertwein.

- Möhrenfrischkost mit gehackten Nüssen
- Kräutersuppe
- Forellenfilet auf grünem Spargel oder (als vegetarische Variante):
- Polentasoufflé auf Steinpilzen
- Butterkartoffeln
- Erdbeer-Quark-Dessert

Ernährungsempfehlungen für den Empfindungstyp

Lebensmittel	Gut bekömmliche Lebensmittel	Weniger bekömmliche Lebensmittel
Getreideprodukte	Warme Getreidespeisen (auch zum Frühstück), feine Haferflocken, Hirseflocken, Gries, feines Flockenmüsli, Vollkorntoast, Grahambrot, Zwieback, Vollkornkekse, leichte Kuchen, Vollkornnudeln, Hirse, Basmatireis	Grobe Flocken, ungeschrotene Körner, grobe Ganzkornbrote, Sauerteigbrote
Gemüse	Blattsalate, Fenchel, Zucchini, Möhren, Avocados, Endivien und Chicorée (auch zu leichten Gemüsesuppen verarbeitet), Gemüsesäfte, Kartoffeln zu Püree, Suppen und Gratins verarbeitet	Ballaststoffreiches Gemüse, insbesondere Hülsenfrüchte und Kohlgemüse, schwere Eintöpfe, fette Kartoffelspeisen
Früchte	Bananen, Mangos, Birnen, Trauben, Honigmelonen und Trockenfrüchte	Stark säurehaltige Früchte wie Ananas, Grapefruits, Stachelbeeren u. Ä.
Milchprodukte	Alle Milchprodukte mit rechtsdrehender Milchsäure, warme Milch mit Honig, Sauermilch, Fruchtjoghurt	Kondensmilch, Milchprodukte mit synthetischen Aromen und Verdickungsmitteln
Käse	Sahnequark, Frischkäse, alle milden Käsesorten	Aggressive, sehr scharfe und überreife Käsesorten
Brotaufstriche	Konfitüren, Honig, vegetabile Pasteten und pikante Brotaufstriche mit hochwertigen Pflanzenfetten	Fette, geräucherte Wurst und sehr kräftig gewürzte, fetthaltige Brotaufstriche

Ernährungsempfehlungen für den Empfindungstyp

Lebensmittel	Gut bekömmliche Lebensmittel	Weniger bekömmliche Lebensmittel
Nüsse	Ohne Fett angeröstete Nüsse, Samen und Kerne, Nussmus, Nusscreme	Stark gesalzene Nüsse, nussige Brotaufstriche mit gehärteten Fetten
Fette und Öle	Butter, ungehärtete Pflanzenmargarine, Sahne, kaltgepresste Pflanzenöle, aromatische Nussöle	Frittierfette, Margarine mit gehärteten Fetten, heißgepresste, extrahierte und raffinierte Öle
Fleisch/Fisch/Eier	Hierbei kommt es auf die Zubereitung an	Fettes und geräuchertes Fleisch bzw. Fisch
Sojaprodukte	Tofu, vorzugsweise mariniert und gut gewürzt, Sojasauce	Ganze Sojabohnen
Süßungsmittel, Süßwaren und Knabbereien	Honig, Nussschnitten, gelegentlich Marzipan, Nougat und Schokolade	Fette und sehr salzhaltige Produkte, geschwefelte Trockenfrüchte
Kräuter und Gewürze	Ingwer, Zimt, Fenchel, Anis, Kardamom, Koriander, Liebstöckel, Beifuß, Kurkuma, Dill, Basilikum, Vanille und Hefestreuwürze	Sehr scharfe und kräftige Gewürze wie Cayennepfeffer, Chili, Knoblauch u. Ä.
Getränke	Mineralwasser mit wenig Kohlensäure, milde Fruchtsäfte wie Aprikosen-, Birnen- oder Heidelbeersaft, Getreidekaffee, gelegentlich Milchkaffee oder Schwarztee, Kakao, Kräutertee, milde Weiß- und Rotweine	Sehr kalte Getränke, stark säurehaltige Säfte, Getränke mit hohem Kohlensäuregehalt, große Mengen an Kaffee und Alkohol

Bewegungstypen sind gern aktiv und brauchen für ihren inneren Ausgleich regelmäßig sportliche Betätigung.

Der Bewegungstyp ist eher spontan und abenteuerlustig und hat wenig Lust, sich mit seiner Ernährung intensiv auseinander zu setzen. Er probiert gern Neues aus, doch wenn er hungrig ist, muss das Essen auf den Tisch – sofort.

Kurprogramm für den Bewegungstyp

Der muskulöse Körperbau und das straffe Bindegewebe des Bewegungstyps entsprechen dem herrschenden Schönheitsideal. Sein Körper ist gut proportioniert. Sein Leben steht unter dem Motto: »Warum kompliziert, wenn es auch einfach geht?« Sein Alltag ist turbulent, der Job oft stressig, da bleibt ihm kaum Zeit, sich intensiv mit gesunder Ernährung zu beschäftigen. Logisch, dass in seinem Küchenschrank keine aufwändigen Kochrezepte hängen, sondern die Telefonnummern vom Pizzaservice oder vom chinesischen Imbiss. Im Kühlschrank wartet keine Crème fraîche auf den nächsten kulinarischen Großeinsatz, dafür wird die Tiefkühlpizza nie älter als drei Tage.

Der Bewegungstyp isst gern, und wenn ihn der Hunger packt, auch mal richtig viel. Zum Glück ist er aber so agil, dass er Übergewicht nicht fürchten muss. Zu Pölsterchen, vor allem im oberen Körperbereich, und zu »Schwimmringen« kann es zwar durchaus einmal kommen. Wenn er seinen aktiven Stoffwechsel dabei unterstützt, kann er die überflüssigen Pfunde aber schnell wieder loswerden.

Eigenschaften, die die Kur unterstützen

Der Bewegungstyp hat keine hohen Anforderungen ans Essen: Während andere sich ökologisch oder nach anderen neuen Trends ernähren wollen, muss es bei ihm nur schnell gehen. Er bevorzugt Mahlzeiten, die sich einfach zubereiten lassen, und wenn es darauf ankommt, ist er auch mit Diätfertigprodukten oder Formuladiäten zufrieden – Hauptsache, es dauert nicht lange und ist effektiv.

Der Bewegungstyp hat eine starke Konstitution. Gepaart mit dem ihm eigenen Optimismus ist dies eine gute Voraussetzung, um eine Diät in Angriff zu nehmen. Seinem Charakter entsprechend stürzt er sich mit Feuereifer auf das »Projekt Abnehmen«.

Eine weitere Stärke: Bewegungstypen haben einen aktiven Stoffwechsel und verspüren von sich aus häufig das Bedürfnis, Sport zu treiben. Und wer sich viel bewegt, kurbelt die Fettverbrennung an.

Wenn dieser Typ von einer Diät überzeugt ist, wird er ihr bester Fürsprecher – er probiert für sein Leben gern neue Dinge aus und ist abenteuerlustig. Da er von Natur aus optimistisch ist, glaubt er fest an den Erfolg. Die Resultate geben ihm meistens Recht – die Diät wird ihm gut tun und den erwünschten Erfolg bringen.

Bewegungstypen sollten sich mehr Zeit zum Essen nehmen und aus einer Mahlzeit bewusst eine entspannende Angelegenheit machen. Sie sollten sich näher mit der Zusammensetzung und Qualität ihrer Nahrung befassen.

Eigenschaften, die der Kur hinderlich sind

Der Bewegungstyp hat wenig Interesse daran, sich mit Stoffwechselgeschehen und Ernährungsphysiologie auseinander zu setzen. Er neigt dazu, das Essen herunterzuschlingen, und manchmal ist er so beschäftigt, dass er es einfach vergisst. Nur selten nimmt er sich genügend Zeit, um eine gesunde Mahlzeit zuzubereiten, und geht stattdessen lieber ins nächste Fastfoodrestaurant.

Die Idealdiät für diesen Typen sollte daher umkompliziert sein, am besten eignen sich Nahrungsmittel oder Produkte, die er unterwegs immer dabei haben kann. In der Regel ist er zu ungeduldig, um abzuwarten, bis etwas abgewogen bzw. vor- und zubereitet ist. Bewegungstypen sollten darauf achten, in ihre Kur genügend Ruhephasen einzubauen. Weil sie so enthusiastisch sind, steigern sie sich in ihre Diät übermäßig hinein, aber auch sie brauchen Ruhe und Entspannung.

So kuren Sie richtig

Als Bewegungstyp reagieren Sie besonders positiv auf ein »3-E-Programm«: Einfach durchzuführen – effizient in der Wirkung – erholsam für Körper, Seele und Geist.

Sie müssen während der Kur nicht fasten, denn darauf ist Ihr Stoffwechsel nicht ausgerichtet, und aufwändige Maßnahmen sind ohnehin nicht Ihre Sache. Ziel der Kur ist es vielmehr, den Organismus zu entwässern und zu entschlacken, die Leber zu entgiften, die Gefäße zu entlasten und dabei einige Pfunde loszuwerden.

Machen Sie zunächst eine 10-Tage-Fitnesskur mit Säften. Diese Kur ist einfach konzipiert und lässt sich ohne großen Aufwand durchführen. Sie müssen dabei weder fasten, noch auf Ihre Lieblingsspeisen verzichten. Sie ist einfach, effizient und erholsam – also, auf los geht's los!

Was Sie für die 10-Tage-Fitnesskur benötigen

Die Grundlage der Kur bildet der »Eden Fitnesskur Cocktail« (erhältlich im Reformhaus), von dem Sie jeden Tag etwa 1 Flasche trinken – wenn es Ihnen schmeckt, darf es ruhig auch mehr sein.

Wählen Sie einfach zuzubereitende Mahlzeiten aus. Die meisten Bewegungstypen lieben eher bodenständige Gerichte, wollen die Zutaten noch sehen und lehnen deshalb pürierte, passierte oder anderweitig verfeinerte Mahlzeiten ab.

- Trinken Sie zu jeder Mahlzeit ein Glas »Fitnesskur Cocktail«. Wenn Sie zwischendurch Hunger oder Appetit haben, trinken Sie gleichfalls ein Glas davon. Sie können so viel trinken, wie Sie möchten.
- Essen Sie für die Dauer der Kur weniger. Verzichten Sie auf fettreiche Lebensmittel wie Käse, Sahne, Fleisch, Wurst, Fastfood und salzige Knabbereien. Auch Zucker und Süßigkeiten sollten Sie weitestgehend meiden. Trinken Sie keinen Alkohol, dafür aber reichlich Kräuter- oder Früchtetee. Wählen Sie Ihre Lieblingssorte, und probieren Sie einmal Mariendisteltee aus – er tut Ihrer Leber gut.
- Wichtig ist, dass Sie regelmäßig essen, also weder auf einen Schlag Berge von Essen verschlingen noch krampfhaft darben. Beides tut Ihnen nicht gut. Die Mahlzeitenzahl bestimmen Sie selbst, es können 3 oder 5 am Tag sein.
- Weil Sie sehr aktiv sind, müssen Sie bei der Zusammenstellung Ihrer Nahrung nicht so sehr auf Kalorien achten. Sie sollten bevorzugt kohlenhydratreiche Nahrungsmittel in Form von Vollkornprodukten, Kartoffeln, Obst und Gemüse verzehren.
- Bevorzugen Sie zum Frühstück Knäckebrot, leichte Vollkornflocken, magere Käsesorten und vegetabile Aufstrichpasteten.
- Mittags essen Sie eine große Portion Salat und wenig oder gar kein Fleisch. Wählen Sie Vollkornnudeln, Naturreis oder leichte Getreidesorten zu gedünstetem Gemüse.
- Zum Abendessen darf es wieder Salat oder Gemüse mit etwas Naturreis oder Vollkorntoast sein. Wenn Sie zwischendurch Hunger bekommen, sollten Sie Vollkornkekse, Obst oder Trockenobst essen.

Kleine Warenkunde

Bei »Eden Fitnesskur Cocktail« handelt es sich um einen wohlschmeckenden Cocktail aus Tomaten, Roter Bete, Möhren, Sauerkraut, Löwenzahn, Brennnessel und Artischocken. Das reichhaltige Gemisch aus Gemüse- und Pflanzensäften liefert viele Vitamine, Mineralstoffe und ernährungsphysiologisch wertvolle rechtsdrehende Milchsäuren. Der »Fitnesskur Cocktail« entwässert, entschlackt und gibt aufgrund seiner Inhaltsstoffe ein gutes Sättigungsgefühl. Schon nach zwei bis drei Tagen werden Sie spüren, wie Sie »leichter« werden, und sich zunehmend wohler fühlen.

Folgen Sie bei der Gemüseauswahl ruhig Ihren persönlichen Vorlieben. Bewegungstypen greifen häufig instinktiv zu kräftigem Wurzel- und Knollengemüse, aber auch zu Sauerkraut und milchsauer vergorener Roter Bete.

Einkaufsliste für die nächsten zehn Tage

- 10 bis 12 Flaschen »Eden Fitnesskur Cocktail«
- 2 bis 3 Päckchen Kräuter- oder Früchtetee, nach Belieben zusätzlich auch grünen Tee und Mariendisteltee
- Einen Vorrat an allen Lebensmittel, die Sie zusätzlich essen möchten, z. B. frisches Gemüse, frisches Obst, Kartoffeln, Knäckebrot, magere Milchprodukte und mageren Brotaufstrich

Pflanzensäfte und Kräutertees unterstützen bei einer Kur auf ideale Weise das Stoffwechselgeschehen. Die Säfte sollten keine Konservierungsstoffe enthalten und möglichst naturbelassen sein.

Ihr Frühstück sollte öfter aus Müsli mit frisch geschroteten oder gekeimten Körnern oder groben Flocken bestehen, die mit Trockenfrüchten, Nüssen, Rosinen und Milch oder Sauermilch zubereitet sind – einfacher und gesünder geht es nicht.

So sieht Ihr erster Kurtag aus

Stehen Sie früh auf, und nehmen Sie den neuen Tag ganz bewusst in Angriff: Heute beginnt Ihre Fitnesskur. Mit dem »Eden Fitnesskur Cocktail« und einer gesunden, etwas kalorienreduzierten Ernährung erreichen Sie eine gute Entschlackung und kommen Ihrer Traumfigur einen bedeutenden Schritt näher.

Wie immer sind Sie relativ schnell aktiv. Wie wär's mit einem gemütlichen, nicht zu langen Morgenlauf? Vielleicht holen Sie auch die Brötchen für den Rest der Familie heute mal zu Fuß oder per Fahrrad?

Frühstück

Falls Sie am Wochenende mit der Kur beginnen, bereiten Sie heute das Familienfrühstück zu. Sie sollten etwas weniger als üblich essen, begnügen Sie sich beispielsweise mit:

▶ 1 Brötchen mit Quark und wenig Konfitüre oder 1 Müsli mit wenig Zucker und viel Obst.

▶ Dazu trinken Sie mehrere Tassen Kräuter- oder Früchtetee, verzichten jedoch auf Kaffee.

▶ Eine 1/2 Stunde vor dem Frühstück oder danach trinken Sie etwa 200 Milliliter »Fitnesskur Cocktail«.

▶ Machen Sie nach dem Frühstück einen ausgedehnten Spaziergang in schöner Umgebung. Verzichten Sie auf eine Zwischenmahlzeit, und trinken Sie stattdessen ein Glas »Fitnesskur Cocktail«.

▶ Bereiten Sie während der Kur Ihre Mahlzeiten sehr sorgfältig zu – vielleicht finden Sie dabei sogar Spaß am Kochen.

Mittagessen

▶ Essen Sie viele frische Salate mit wenig kaltgepresstem Pflanzenöl. Dünsten Sie fettarme Fischfilets in Zitrone- und Gemüsebrühe. Als Beilage eignet sich Naturreis, den Sie ohne Fett zubereiten sollten. Wenn Sie die Gerichte mit etwas Butter oder Crème fraîche verfeinern, kann die ganze Familie mitessen.

▶ Als Dessert eignet sich eine leichte Quarkspeise mit Früchten.
▶ Trinken Sie zum Essen etwa 200 Milliliter »Fitnesskur Cocktail«.
▶ Verrichten Sie leichte Gartenarbeit, oder spannen Sie einfach nur aus – das wird Ihnen gut tun. Sie müssen nicht immer aktiv sein, vielleicht können Sie sogar nach dem Mittagessen etwas ruhen.
▶ Trinken Sie über den Nachmittag verteilt viel Kräutertee oder Mineralwasser – wenn Sie mögen, mit etwas Zitrone.
▶ Wenn sich gegen Abend der erste Hunger meldet, trinken Sie wieder Ihren »Fitnesskur Cocktail«.
▶ Wenn Sie die Möglichkeit haben, lassen Sie sich am Nachmittag von Ihrem Partner massieren, oder führen Sie – an der frischen Luft oder am offenen Fenster – leichte Atemübungen durch.

Abendessen

▶ Pellkartoffeln mit Kräuterquark lassen sich schnell zubereiten und passen ideal in Ihre Kur: Sie haben einen hohen Sättigungswert und enthalten kaum Fett, dafür aber viel Eiweiß.
▶ Trinken Sie dazu Ihren »Fitnesskur Cocktail«.
▶ Versuchen Sie während der Kur – und natürlich auch später – ganz bewusst zu essen und den Grad Ihrer Sättigung wahrzunehmen. Essen Sie so langsam wie möglich, und kauen Sie gründlich. Legen Sie nach jedem Bissen ihr Besteck aus der Hand, auch wenn Ihnen dies übertrieben vorkommt. Sehen Sie es als bewusstseinsschärfende Übung an.
▶ Verzichten Sie während der Kur auf Abendaktivitäten, die Sie anstrengen oder stressen. Treiben Sie wie gewöhnlich etwas Sport, und gönnen Sie sich darüber hinaus ruhige, entspannende Abende.
▶ Gehen Sie am ersten Abend in ein Konzert, nehmen Sie danach ein beruhigendes Bad, und versuchen Sie, früh zu schlafen.
▶ Orientieren Sie sich für Ihr Kurprogramm an den Vorschlägen auf Seite 40ff. Falls Sie die Kur neben Ihrer täglichen Arbeit durchführen möchten, ist dies sehr gut möglich.
▶ Achten Sie auf kalorienarme Gerichte; falls Sie in der Kantine essen, nehmen Sie sich lieber etwas von zu Hause mit. Trinken Sie im Lauf des Tages mindestens 1 Flasche »Fitnesskur Cocktail« und viel Tee.

Bewegungstypen verlieren viel Flüssigkeit, deshalb sollten sie ihrem Durst entsprechend viel trinken. Zu bevorzugen sind verdünnte Fruchtsäfte oder Mineralwässer mit wenig Kohlensäure und hohem Magnesium- und Kaliumgehalt.

Welche Kuren weiterhin für Sie geeignet sind

Rohkostkur

Da rohes Gemüse und große Salatportionen häufig zu den Lieblingsspeisen der Bewegungstypen gehören, können Sie auch eine Rohkostkur durchführen: Frühstücken Sie normal, vermeiden Sie dabei Fett und Süßes, und essen Sie mittags und abends jeweils große Portionen Rohkost und/oder Salat.

Keine Angst vor Küchenarbeit! Es reicht völlig aus, das Gemüse nur zu waschen und klein zu schneiden. Vielleicht macht es Ihnen auch Spaß, einfach nur zu knabbern. Das kunstvolle Anrichten von Salaten ist für den Erfolg dieser Kur nicht nötig.

Trinken Sie im Lauf des Tages 1 bis 2 Liter Kräuter- oder Früchtetee. Probieren Sie ruhig auch mal grünen Tee.

Rohkost und Salate sollten mit Zitrone oder mildem Essig und hochwertigen, kaltgepressten Pflanzenölen zubereitet werden. Dem Würzen kommt eine besondere Bedeutung zu: Der Phantasie sind dabei keine Grenzen gesetzt.

Gemüsesuppenkur

Falls Sie Gemüse lieber in gekochter Form mögen, dann machen Sie eine Gemüsesuppenkur. Frühstücken Sie normal, und verzichten Sie dabei auf Fett und Süßes.

Kochen Sie sich jeden Tag einen Eintopf: Garen Sie dazu etwa 1,5 Kilogramm klein geschnittenes Gemüse in etwa 2 Liter Wasser mit salzarmen Gemüsebrüheextrakt. Diesen Eintopf essen Sie über den Tag verteilt, wann immer Sie Hunger verspüren.

Trinken Sie für die Dauer der Kur keinen Alkohol und wenig oder gar keinen Kaffee, jedoch viel Tee.

Formuladiäten

Für den praktisch veranlagten Bewegungstypen gibt es natürlich auch die Möglichkeiten, unkomplizierte Kuren mit Formuladiäten durchzuführen. Hierbei handelt es sich um ausgewogene Nährstoffgemische, die in Form von Pulvern, Granulaten und Flocken erhältlich sind. Sie können einzelne Tagesmahlzeiten durch diese Nährstoffgemische ersetzen oder sie als komplette Tagesration einplanen. Formuladiäten lassen sich einfach zubereiten. Man rührt sie meist unmittelbar vor dem Verzehr mit Wasser, Milch oder Säften an. Ohne großen

Aufwand zu erfordern, liefern sie dem Körper alle Nährstoffe, die er braucht. Falls sie nicht geschmacklich eintönig werden, sind sie auch für einen längeren Kurzeitraum geeignet. Produktbeispiele sind »Börnosan Bio Schlanktrank«, »Granoslim« und »Dr. Ritter Weizendiät« (alle erhältlich im Reformhaus).

Fitness- und Wellnessprogramm

Bewegung und Dynamik sind das Grundelement der Bewegungstypen. Die Empfehlung, sich häufiger sportlich zu betätigen, ist daher für Sie kaum notwendig. Als Bewegungstyp werden Sie vermutlich von sich aus gern Sport treiben.

▶ Ihrem Naturell kommen Sportarten entgegen, die leistungs- und wettkampfbetont sind und die den Aktiven bis an die Grenze seiner persönlichen Leistungsfähigkeit treiben. Dabei werden die verschiedenen Muskelgruppen des Körpers ganz unterschiedlich stark trainiert. Es ist daher notwendig, auf einen sinnvollen Ausgleich zu achten. Um Dysbalancen zu Lasten einer Muskelgruppe zu vermeiden, hat sich funktionelle Zweckgymnastik, beispielsweise eine gezielte Rückenschulung, bewährt.

Autogenes Training besteht aus konzentrierten Entspannungsübungen, die zu einer psychovegetativen »Umschaltung« führen. Die Übungen beruhen auf dem Grundsatz, dass ein Gefühl oder ein Gedanke sich im Körper auswirken kann.

Anregung und Entspannung

▶ Zur Beruhigung und zum Herunterschrauben der ihm eigenen Aktivität ist dem Bewegungstyp ein Entspannungstraining zu empfehlen. Sicher werden Ihnen »handfeste« Methoden wie z. B. autogenes Training und bestimmte Yogaübungen mehr entgegenkommen als eine eher spirituell geprägte Meditation.

▶ Kneippsche Anwendungen und Sauna sind für Sie dann wohltuend, wenn eine Abkühlung in Form von kalten Güssen oder ein Sprung ins Tauchbecken nach einem Saunagang erfolgt. Während der Kur tun Ihnen regelmäßige Saunagänge sicherlich gut; allzu große Hitzebelastungen sollten Sie jedoch vermeiden. Bei bestehendem Bluthochdruck muss dazu unbedingt vorher ein Arzt befragt werden.

Nahrungsergänzung

▶ Unterstützend wirkt auch die regelmäßige Einnahme von Magnesium, das beruhigend, entkrampfend und blutdrucksenkend wirkt sowie die Folgen allzu großer Stressbelastung dämpft.

▶ Als Schutz gegen die alltäglichen Umweltbelastungen kann dem Bewegungstyp besonders eine Nahrungsergänzung mit Antioxidanzien empfohlen werden. Dies sind im Wesentlichen die Vitamine A, C, E sowie Selen und Karotin, die die empfindliche Haut schützen.

▶ Die Leber ist ein Organ, das der Bewegungstyp besonders »pflegen« sollte. Zur Stärkung ihrer Entgiftungsfunktion sind pflanzliche Naturarzneimittel auf der Basis von Artischocke und Mariendistel gut geeignet. Artischockenfrischpflanzensaft können Sie auch schon während Ihrer Kur zu sich nehmen. Darüber hinaus sollten Sie 2-mal jährlich eine längere Kur mit Mariendisteldragees oder Artischockenfrischpflanzensaft einplanen.

▶ Falls Sie häufig unter Sodbrennen oder Magenübersäuerung leiden, ist die kurmäßige Einnahme von Kartoffelsaft zu empfehlen. Auch ein Tee aus Leinsamenschleim oder die Einnahme von Heilerde hilft hervorragend gegen die Folgen einer starken Säureausschüttung.

Ihre medizinische Bedeutung verdankt die Artischocke in erster Linie ihrem Hauptwirkstoff Zynarin. Dieser bioaktive Bestandteil verjüngt die Zellen, schützt die Leber und regt vor allem auch den Gallenabfluss aus der Leber an.

Nicht nur als Pflanzenpresssaft, Aufguss oder Extrakt, auch als frisches Gemüse fördert Artischocke die Entgiftung und regt darüber hinaus den Stoffwechsel an.

Tipps für die Nachkur

▶ In den nächsten 2 bis 3 Monaten, die auf die Kur folgen, sollten Sie regelmäßig Magnesiumpräparate einnehmen. Auch in Nüssen und Getreideprodukten ist reichlich Magnesium enthalten.

Schönheitspflege

Die Haut vieler Bewegungstypen ist auffallend hell, eher dünn und infolgedessen empfindlich gegen Sonne. Deshalb ist milde, reizarme Kosmetik, die optimalen Schutz vor Umwelteinflüssen und vor Sonneneinstrahlung bietet, für sie besonders wichtig.

▶ Cremes, Masken und Lotionen sollten nicht durchblutungsanregend sein und keinen Alkohol enthalten.

▶ Verwenden Sie vor allem im Sommer leichte und feuchtigkeitsspendende, aber möglichst fettarme Cremes. Beim Schwitzen kann es durch die Verwendung von sehr fetthaltigen Cremes zu einem Hitzestau kommen, was Frauen übrigens auch bei Hitzewallungen während des Klimakteriums beachten sollten.

▶ Gönnen Sie sich während der Kur ruhig mehrmals pro Woche eine aufbauende Maske, auch fürs Dekolletee. Achten Sie darauf, dass Sie geschmeidig bleibt und nicht starr wird, sonst wird Ihre Haut durch die Anwendung zu sehr angeregt.

▶ Bevor Sie sich intensiver UV-B-Strahlung aussetzen, sollten Sie gute Sonnenschutzmittel mit einem hohen Lichtschutzfaktor verwenden. Schon die kleinste Rötung kann Ihnen Probleme bereiten.

▶ Ihre zu Couperose und hektischen Flecken neigende Haut sollte besonders freundlich und sanft behandelt werden. Vermeiden Sie kalte und heiße Reize, und schützen Sie sich – durch die entsprechende Ernährung – auch von innen.

▶ Besonders während, aber auch nach der Kur sollten Sie Kaffee und stark säurehaltige Produkte wie Essig und bestimmte Obstsäfte meiden. Trinken Sie möglichst keinen Alkohol, und verzichten Sie Ihrer Haut zuliebe auf scharfe Gewürze.

Die immer dünner werdende Ozonschicht ist für Menschen mit empfindlicher Haut ein ganz gravierendes Problem. Sie sollten sich den vermehrt durch die Atmosphäre dringenden aggressiven UV-Strahlen so wenig wie möglich aussetzen.

Wohlfühlprogramm für danach

Wichtig ist es vor allem für den Bewegungs-Empfindungs-Typ, zwischen An- und Entspannung zu wechseln. Mehr noch als der Empfindungstyp sollte er auf Erholungsphasen achten, um seinen Körper nicht ständig zu überfordern.

Wenn Sie das Gefühl der Leichtigkeit, das Sie während der Kur empfunden haben, beibehalten möchten, dann legen Sie in den nächsten Monaten oder das ganze Jahr hindurch pro Woche jeweils einen Kurtag mit »Fitnesskur Cocktail« ein. Essen Sie an diesen Tagen einfach etwas weniger als an anderen Tagen, und verzichten Sie konsequent auf fettreiche und süße Lebensmittel.

▶ Wenn Sie Ihrem Bewegungsdrang nachgeben, dann verbraucht Ihr Körper viel Energie. Deshalb müssen Sie sich im Alltag um Kalorien- und Fettgehalt der Speisen kaum Gedanken machen. Auch wenn die meisten Bewegungstypen sportlich sind, ist es dennoch nicht nötig, vermehrt Eiweiß zu essen.

▶ Achten Sie jedoch besonders auf die Qualität der Lebensmittel, denn das sind Sie Ihrem stark beanspruchten Körper schuldig. Bevorzugen Sie Produkte aus artgerechter Tierhaltung und aus ökologischem Anbau. Achten Sie auf Frische und auf die Art der Weiterverarbeitung. Von großer Bedeutung ist auch der Gehalt an Zusatzstoffen und der Gehalt an lebensnotwendigen Vitalstoffen, insbesondere an Vitaminen, Mineralstoffen und hochwertigem Eiweiß.

▶ Setzen Sie daher regelmäßig Gemüse, Obst und Vollkorngetreide auf Ihren Speiseplan. Auch Milch, Milchprodukte und kaltgepresste Pflanzenöle sind wichtig. Mit magerem Fleisch, Fisch und Eiern können Sie Ihre Mahlzeiten ergänzen.

Lebensmittel mit hohem Vitalstoffgehalt

- Frisches Obst
- Frisches Gemüse
- Vollkorngetreide
- Flocken, Brot, Brötchen, Müslis, Keime und Sprossen
- Fleisch und Eier aus artgerechter Tierhaltung
- Seefisch
- Kaltgepresste Pflanzenöle
- Nüsse und Samen
- Milch
- Milchprodukte
- Quark, Käse und Sauermilcherzeugnisse
- Kräuter und Gewürze
- Hochwertige Tees
- Hochwertige Fruchtsäfte und Mineralwässer

Keine Angst vor aufwändigen Kochaktionen – auch gesunde Lebensmittel sind in der Zubereitung sehr einfach. Sogar Fertiggerichte gibt es mittlerweile in hervorragender Qualität. Fertigmüslis, Pasta, Gemüse-Reis-Gerichte, vegetarische Frikadellen, Würstchen und andere Leckereien bringen Sie so im Handumdrehen auf den Tisch.

▶ Drinks aus Sauermilch mit Fruchtkonzentrat und Mineralstoffzusätzen sind für den Bewegungstypen sehr wichtig und sollten immer in ausreichender Menge zur Verfügung stehen; das Gleiche gilt für hochwertige Säfte aus Obst oder Gemüse. Bevorzugen Sie Möhren- und Mangosaft – sie enthalten viel wertvolles Karotin, und dieser Biostoff ist eine Wohltat für Ihre Haut.

▶ Trockenobst, Nüsse, Frucht- und Nussschnitten und gesunde Riegel sind für zwischendurch ideales Powerfood, vor allem bei oder nach sportlichen Aktivitäten.

Viele Jahrhunderte lang war milchsauer eingelegtes Weißkraut die wichtigste Vitaminquelle, wenn es im Winter wenig Frisches gab. Anders als bei frischem Obst und Gemüse bleibt sein hoher Vitamin-C-Gehalt bei der Lagerung erhalten.

Rezepte für den Bewegungstyp

Fitnessdrink

Zutaten (für 1 Portion): 100 ml Möhrensaft • 200 ml Aprikosennektar • Saft von 1 Zitrone • 1 EL Erdnussmus • 1 Schuss Mineralwasser mit Kohlensäure • 2 Melisseblätter zum Garnieren

Zubereitung: Alle Zutaten gut miteinander verrühren oder im Cocktailshaker mit einigen Eiswürfeln gut schütteln. In ein Longdrinkglas abgießen. Mit den Melisseblättern garnieren, gekühlt servieren.

Sauerkrautfrischkost mit Ananas

Zutaten (für 2 Portionen): 400 g Frischkostsauerkraut (aus dem Reformhaus) • 2 Scheiben Ananas • 3 EL Ananassaft • 2 EL kaltgepresstes Sonnenblumenöl • schwarzer Pfeffer

Zubereitung: Das Sauerkraut klein schneiden, die Ananas würfeln. Beides mit Ananassaft, Öl und Pfeffer vermischen. Gut durchziehen lassen und kalt servieren. Dazu passt warmes Vollkornbaguette.

Gemischter Salat

Zutaten (für 2 Portionen): 1/2 Kopfsalat • 1/2 rote Paprikaschote
1/4 Gurke • 1 Tomate • 2–3 EL Balsamicoessig • 3 EL kaltgepresstes
Olivenöl • etwas Knoblauch • Meersalz • Pfeffer • frische Salatkräuter
10 schwarze Oliven

Zubereitung: Salat und Gemüse waschen und putzen, den Salat in mundgerechte Stücke, die Paprika in Streifen, die Gurke in Scheiben und die Tomate in Achtel schneiden. Aus Essig, Öl, Knoblauch, Salz und Pfeffer eine Vinaigrette zubereiten. Unter den Salat heben. Salatkräuter klein hacken und zusammen mit den Oliven untermischen.

Ob bunter Salatteller oder Rohkostplatte – frischer Salat sollte regelmäßig auf Ihrem Speiseplan stehen. Er enthält nicht nur reichlich Vitamine und Mineralien, sondern darüber hinaus auch verdauungsfördernde Ballaststoffe.

Gemüsesalat mit Honig-Sesam-Dressing

Zutaten (für 2 Portionen): 2 Stangen Bleichsellerie • 2 mittelgroße
Möhren • 1 Lauchstange • 1 Paprikaschote • 50 g Champignons
2 EL kaltgepresstes Olivenöl • 1 Knoblauchzehe • Meersalz
schwarzer Pfeffer • 1 EL Honig • 1 EL Sojasauce • 2 EL trockener
Sherry • 2 EL Sherryessig • 2 EL Sesam (ohne Fett kurz angeröstet)

Zubereitung: Gemüse waschen und putzen. Sellerie und Möhren in Scheiben, den Lauch in Ringe und die Paprika in Streifen schneiden. Die Champignons halbieren. Das Öl in einer Pfanne erhitzen, Gemüse und Pilze darin anbraten. Den Knoblauch abziehen, hineinpressen, mit Salz und Pfeffer würzen. In der Zwischenzeit den Honig mit Sojasauce, Sherry, Sherryessig und Sesam verrühren. Die Mischung über das Gemüse gießen, die Hitze reduzieren und alles noch etwa 10 Minuten zugedeckt garen. Lauwarm servieren.

Antipasti für die schnelle Küche

Zutaten (für 6 Portionen): 1/2 Kopf Romanasalat • 1 Glas Paprika
»bio« (270 g in nativem Olivenöl) • 1 Glas Pfifferlinge »bio« (250 g)
1 Glas schwarze Oliven (300 g) • 1 Glas Artischockenböden »bio«
(180 g) • 1 kleine Zwiebel • 1 Stängel glatte Petersilie • schwarzer
Pfeffer • Saft von 1 Zitrone • 2 Päckchen Mozarella (à 125 g)

Zubereitung: Den Romanasalat in lange Streifen schneiden, auf sechs Teller verteilen. Eingelegte Paprika, Pilze, Oliven und Artischocken abtropfen lassen, das Öl auffangen. Die Zwiebel abziehen und in Würfel schneiden, zusammen mit den abgetropften Pfifferlingen in der Hälfte des Öls andünsten. Mit klein geschnittener Petersilie und Pfeffer würzen. Pilze, Paprika, abgetropfte Oliven und Artischockenböden auf den Tellern verteilen. Mit dem Zitronensaft und dem restlichen Olivenöl beträufeln. Den Mozarella in Würfel schneiden und auf den Tellern verteilen. Dazu passt Olivenbrot, Ciabatta oder Fladenbrot.

Vollkorn-Knoblauch-Pizza

Zutaten (für 4 große Stücke): Teig: 250 g Vollkornmehl
1/2 Päckchen Trockenhefe • 6 EL Olivenöl • 125 ml lauwarmes
Wasser • Meersalz
Belag: 8 EL Tomatenmark • Pfeffer • Hefestreuwürze
8–12 Knoblauchzehen • etwas Majoran • 4 Stängel Rosmarin
120 g geriebener Käse
Zubereitung: Mehl, Hefe, 3 Esslöffel Olivenöl, Wasser und Salz zu einem glatten Teig verkneten. Etwa 30 Minuten an einem warmen Ort gehen lassen. Den Teig nochmals durchkneten, 4 Kugeln daraus formen und weitere 15 Minuten gehen lassen. Die Kugeln dünn ausrollen. Tomatenmark mit restlichem Olivenöl, Pfeffer und Hefestreuwürze verrühren. Die Teigplatten damit bestreichen. Knoblauch abziehen, in Scheiben schneiden und darauf verteilen. Mit Majoran würzen, mit jeweils 1 Stängel Rosmarin belegen. Zum Schluss mit Käse bestreuen. Im vorgeheizten Backofen bei 200 °C etwa 20 Minuten backen.

Wenn Sie es eilig haben, können Sie für die Pizza auch fertigen Hefeteig aus der Kühltheke verwenden. Ob Gemüse, Schinken, Salami oder Meeresfrüchte – bei der Auswahl des Belags sind Ihrer Phantasie keine Grenzen gesetzt.

Paprikaspaghetti mit Kürbispesto

Zutaten (für 3–4 Portionen): 500 g Spaghetti • Meersalz
1 rote Paprikaschote
Pesto: 50 g Kürbiskerne • 3 Knoblauchzehen • 1 großes Bund
Basilikum • 4 EL heißes Wasser • 6–8 EL Kürbiskernöl
1 EL Balsamicoessig • 1 Prise Meersalz

Damit Nudeln beim Garen bissfest bleiben, sollten sie überwiegend aus Hartweizen hergestellt sein – ein Zusatz von 20 Prozent Weichweizen ist erlaubt. Hartweizen enthält Karotinoide, die auch eifreien Nudeln einen gelblichen Glanz verleihen.

Zubereitung: Die Spaghetti in Salzwasser bissfest kochen. Den Paprika halbieren, entkernen, mit Öl bestreichen und etwa 8 Minuten im Backofen oder Grill bei hoher Temperatur grillen, bis die Schale dunkelbraun geworden ist. Die Schale abziehen, Paprika in dünne, lange Streifen schneiden. Sofort unter die heißen Spaghetti mischen. Auf vorgewärmten Tellern anrichten. Kürbiskerne, Knoblauchzehen und Basilikum (einige Blätter als Garnierung zurückbehalten) im Mörser zerstoßen und mit heißem Wasser vermischen. Das Kürbiskernöl nach und nach zugeben, das Pesto mit Balsamicoessig und Meersalz abschmecken. Auf den Spaghetti verteilen, mit Basilikum garnieren.

Penne mit Thunfisch und Oliven

Zutaten (für 2 Portionen): 250 g Penne • Meersalz • 3 Tomaten
10 eingelegte grüne Oliven • 1/2 Dose Thunfisch (ca. 100 g Abtropfgewicht) • 1/2 Bund Basilikum • 1 EL Olivenöl • grober Pfeffer
Zubereitung: Nudeln in leicht gesalzenem Wasser bissfest kochen. Tomaten kreuzweise einritzen, mit kochendem Wasser überbrühen, abziehen, in Spalten schneiden und dabei entkernen. Die Oliven abtropfen lassen, in Scheiben schneiden. Thunfisch abtropfen lassen, mit der Gabel zerpflücken. Basilikum waschen, trocknen und klein schneiden. Einige Blättchen beiseite legen. Olivenöl in einer Pfanne erhitzen, Tomaten kurz andünsten, Oliven und Thunfisch zugeben, salzen und pfeffern. Nudeln abgießen, abtropfen lassen, dabei etwas Nudelwasser auffangen. Nudeln und Basilikum unter die Thunfischmischung heben, gegebenenfalls etwas Nudelwasser zufügen, abschmecken und mit den restlichen Basilikumblättchen bestreuen.

Risotto mit grünem Spargel

Zutaten (für 2 Personen): 400 g grüner Spargel • ca. 1 Liter Gemüsebrühe (Extrakt) • 3 EL kaltgepresstes Olivenöl • 1 mittelgroße Zwiebel • 180 g Reis (Arborio oder Vialone) • Schale von 1 unbehandelten Zitrone • Meersalz • frisch gemahlener schwarzer Pfeffer
30 g geriebener Parmesankäse (oder anderer Hartkäse)

Grüner Spargel schmeckt intensiver als weißer; in Bezug auf die entwässernde und appetitanregende Wirkung gibt es jedoch keinen Unterschied zwischen den beiden Sorten.

Zubereitung: Den Spargel waschen, die holzigen Enden abschneiden, die Spargelstangen in 2 bis 3 Zentimeter lange Stücke schneiden. In der kochenden Gemüsebrühe bissfest garen. Durch ein Sieb abgießen, dabei das Spargelwasser auffangen. Das Olivenöl in einer Pfanne erhitzen, die in Würfel geschnittenen Zwiebeln und den Reis darin glasig dünsten. Nach und nach das heiße Spargelwasser (500 Milliliter) und die Zitronenschale zugeben und den Risotto bei geringer Hitze etwa 30 Minuten ausquellen lassen, dabei immer wieder umrühren. Die Spargelstücke vorsichtig unterheben, mit Salz und Pfeffer würzen. Die Zitronenschale herausnehmen und den geriebenen Parmesankäse unterrühren. Sofort servieren. Der Risotto sollte leicht breiig, jedoch nicht klebrig sein.

Quinoa-Mangold-Gratin

Zutaten (für 2 Portionen): 150 g Quinoa • 400 ml Gemüsebrühe (Extrakt) • 1 Lorbeerblatt • 20 g grob gehackte Haselnüsse
300–400 g Mangold • 1 mittelgroße Möhre • 50 g geriebener Hartkäse
1/2 Tasse Milch • 1 Eigelb • Muskatblüte • Hefestreuwürze
schwarzer Pfeffer • 1 zerdrückte Knoblauchzehe

Quinoa, das landläufig als Getreide betrachtet wird, gehört botanisch gesehen zur selben Familie wie Rote Bete, Mangold und Spinat. Die Pflanze ist in Südamerika beheimatet und wurde schon vor mehr als 5000 Jahren im Andengebiet kultiviert.

Zubereitung: Quinoa in der Gemüsebrühe mit dem Lorbeerblatt etwa 20 Minuten kochen. Ausquellen lassen. Das Lorbeerblatt entfernen, dann die Haselnüsse untermischen. Mangold entblättern, die dicken Teile leicht einschneiden. Möhren in dünne Streifen schneiden. Gemüse in Salzwasser etwa 5 Minuten blanchieren, abtropfen lassen. Die Hälfte des Quinoa in eine gefettete Auflaufform füllen, mit 1/3 des Käses bestreuen. Die Hälfte des Gemüses darauf verteilen. Wieder mit Käse bestreuen, restliches Quinoa darauf verteilen, ebenfalls mit Käse bestreuen und mit Gemüse abdecken. Milch mit Eigelb verrühren, mit Muskatblüte, Hefestreuwürze, Pfeffer und Knoblauch würzen, über das Gemüse gießen. Mit dem restlichen Käse bestreuen. Im vorgeheizten Backofen etwa 40 Minuten bei 200 °C überbacken.

Verrühren Sie nach dem Erkalten etwas Puderzucker mit Zitronen- oder Möhrensaft, und überziehen Sie die Rüblischnitten damit – so bleiben sie länger frisch. Möhrenkuchen lässt sich auch problemlos tiefgefrieren.

Rüblischnitten

Zutaten (für 18–24 Schnitten): 600 g Möhren • 7 Eier (getrennt)
200 g Vollzucker • Saft und abgeriebene Schale von 1 Zitrone
2 Päckchen Vanillezucker • 1 Prise Meersalz • 400 g gemahlene Mandeln • 100 g Weizenmehl Type 1050 • 1 Päckchen Weinsteinbackpulver • 2 TL Zimt • 125 g Aprikosenkonfitüre • 250 ml Sahne

Zubereitung: Möhren schälen, fein reiben. Eigelbe mit Vollzucker, abgeriebener Zitronenschale, Zitronensaft, Vanillezucker und Salz cremig rühren. Mandeln, Mehl, Backpulver und Zimt zugeben. Eiweiß steif schlagen, locker unterziehen. Den Teig auf ein mit Backpapier ausgelegtes Backblech streichen. Im vorgeheizten Backofen bei 200 °C etwa 30 Minuten backen, abkühlen lassen. Konfitüre erwärmen, durch ein Sieb geben, den Kuchen damit bestreichen. In Dreiecke, Quadrate oder Romben schneiden und mit geschlagener Sahne garnieren.

Kirsch-Mandel-Kuchen

Zutaten (für 12 Stücke): 4 Eier (getrennt) • 100 g Vollzucker
100 g Marzipanrohmasse • 100 g gemahlene Mandeln
100 g Weizenmehl Type 1050 • 1 Prise Weinsteinbackpulver
1 Glas Sauerkirschen (Einwaage ca. 370 g) • 50 g Pinienkerne

Zubereitung: Eigelbe mit Vollzucker cremig rühren. Marzipanrohmasse leicht erwärmen, nach und nach zu der Creme geben. Mandeln, Mehl und Backpulver unterrühren. Eiweiß steif schlagen, locker unterheben. Teig in eine mit Backpapier ausgelegte Springform füllen. Abgetropfte Sauerkirschen darauf verteilen, mit Pinienkernen bestreuen. Im vorgeheizten Backofen bei 180 °C etwa 45 Minuten backen.

Bananengratin mit Waldhonig

Zutaten (für 2 Portionen): 3 EL Waldhonig • 5 EL Birnensaft • Schale von 1/2 unbehandelten Zitrone • Saft von 2 Zitronen • 2 Bananen 20 g Butter • 20 g Mandelblättchen (ohne Fett leicht angeröstet)
Zubereitung: Honig, Birnensaft, Zitronenschale und die Hälfte des Zitronensafts erwärmen. Bananen schälen, längs halbieren, mit restlichem Zitronensaft und zerlassener Butter bestreichen. In eine gefettete Auflaufform setzen, Honigmasse und Mandelblättchen darüber geben. Im Backofen bei 220 °C etwa 10 bis 15 Minuten überbacken.

Quarkspeisen sind leicht und belasten daher den Körper nicht. Gleichzeitig enthalten sie wertvolles Eiweiß und Mineralstoffe. Anstelle von Espresso können Sie auch pürierte Früchte der Saison unter den Quark rühren.

Mokka-Quark-Creme

Zutaten (für 2 Portionen): 150–200 g Quark • 2 EL Milch • 1 Tasse starker Espresso • 1–2 EL Zucker • 50 ml Sahne • etwas Kakao
Zubereitung: Den Quark mit der Milch, dem Espresso und dem Zucker glatt rühren. Die Sahne steif schlagen, vorsichtig unter das Dessert heben. In Portionsschalen füllen und mit Kakao bestäuben.

Schlemmermenü für den Bewegungstyp

Lassen Sie bei diesen Gerichten die Flasche mit dem alten, schweren Rotwein lieber im Keller – ein leichter, fruchtiger Montepulciano oder ein Chianti ist für dieses Essen genau richtig. Zur Vorspeise kann es auch gern ein Bier sein.

- Gemischter Salat
- Vollkorn-Knoblauch-Pizza
- Penne mit Thunfisch und Oliven oder (als vegetarische Variante):
- Quinoa-Mangold-Gratin
- Mokka-Quark-Creme

Der Entspannungstyp behauptet gern von sich, schon vom Lesen fett gedruckter Zeitungsüberschriften dick zu werden.

Entspannungstypen sind die geborenen Genießer. Ihr Gesicht leuchtet vor Freude und Zufriedenheit auf, wenn vom Essen nur die Rede ist. Sie lieben ausgiebige und gehaltvolle Mahlzeiten, ganz nach dem Motto: »Essen hält Leib und Seele zusammen.«

Kurprogramm für den Entspannungstyp

Zu den Pluspunkten des Entspannungstyps gehören seine solide, kräftige Knochenstruktur und seine sanften Rundungen; er hat ein überdurchschnittlich gut entwickeltes Körpergefühl. Was ihm manchmal zu schaffen macht, ist seine Neigung zu Fettpolstern und Zellulite, vor allem an den Problemzonen Oberschenkel, Po und Hüfte.

Sonntag ist sein Lieblingstag: Er schläft gern aus und gönnt sich dann einen ausgiebigen Brunch – mit möglichst vielen Freunden, möglichst lange und möglichst vielfältig. Der Entspannungstyp ist ein geborener Genießer. Die Küche ist das Zentrum seines Lebens, Kochen keine Pflicht, sondern Kür. Ein gelungenes Gericht macht ihn so glücklich wie andere ein Vierer im Lotto. Logisch, dass er kein Schnellesser ist, sondern jeden Bissen buchstäblich auf der Zunge zergehen lässt. Die Gefahr dabei: Er kann nur schwer widerstehen und isst häufig mehr, als seinem Gewicht und Körpergefühl gut tut. Deshalb ist es für den Entspannungstyp besonders wichtig, etwas für seine Gesundheit zu tun. Sein Stoffwechsel kann Anregung und Entschlackung gut gebrauchen, und auch einige Pfunde sollten dabei verloren gehen.

Eigenschaften, die die Kur unterstützen

Wenn der Entspannungstyp sich erst einmal zu einer Diät durchgerungen hat, dann ist er für die Dauer dieser Abspeckkur stark, diszipliniert und kontrolliert. Wegen seiner Alles-oder-nichts-Mentalität sind Fastenkuren ganz hervorragend für ihn geeignet. Sie wirken sich äußerst positiv auf seinen gesamten Organismus aus, weil er besonders gut entschlackt, entwässert und abnimmt.

Während der Bewegungstyp fast verzweifelt, wenn es über einen längeren Zeitraum nichts zu Essen gibt, genießt der Entspannungstyp das Fasten geradezu. Kein Wunder: Nach einer gründlichen Darmreinigung mit Glaubersalz produziert der Körper beim Fasten Endorphine. Diese im Gehirn freigesetzten Glückshormone sorgen für ein Hochgefühl. Man fühlt sich großartig und kann sich trotz des Fastens gut konzentrieren, hat gute Laune und nimmt dabei spielend ab.

Eigenschaften, die der Kur hinderlich sind

Wenn ein Entspannungstyp eine Diät beginnt, weiß es meist seine gesamte Umgebung. Jedes Detail wird mitgeteilt – Erfolge ebenso wie Misserfolge. Wenn er unter einer Nulldiät oder unter Sparrationen zu leiden hat, dann soll die Welt dieses Opfer mit ihm teilen.
Nach einer Woche strenger Diät oder Fasten ist er unendlich stolz auf sich und belohnt sich mit einem Festessen, auf das er sich schon tagelang gefreut hat. Die Gefahr ist groß, dass er nach einer Kur sofort wieder in alte Essmuster zurückfällt.

Gut ist, wenn Entspannungstypen jeden Bissen richtig auskosten. Bei schnellem Essen verlieren sie meist die Kontrolle über Menge und Inhalt dessen, was sie essen. Die Folge: Es wird mehr gegessen, als wirklich gebraucht wird.

So kuren Sie richtig

Sie können besser verzichten und strenger mit sich sein, wenn Sie erst gar nicht mit Nahrung in Kontakt kommen. Sie sollten daher besser konsequent fasten, statt eine Diät durchzuführen.
Stellen Sie sich mental auf Ihre Fastenkur ein. Es kann sehr befriedigend sein, freiwillig ganz aufs Essen zu verzichten. Und falls Sie schon Erfahrung mit dem Fasten gesammelt haben, erinnern Sie sich vielleicht, wie gut Sie sich dabei gefühlt haben.
Besorgen Sie sich am Tag vor der Kur Glaubersalz und alles, was Sie an Säften, Tee und Mineralwässern für die nächsten Tage benötigen. Kaufen Sie verschiedene Teesorten, damit Ihnen das Teetrinken nicht lanweilig wird, und fangen Sie gleich am ersten Kurtag mit der Einnahme von Vitamin-E-Kapseln an.
Denken Sie auch an Ihr Wellness-, Fitness- und Kosmetikprogramm: Bringen Sie gegebenenfalls Ihren Heimtrainer in Ordnung, und verabreden Sie sich z. B. zum Golfen, Wandern oder Schwimmen.
Auch Badezusätze, duftende Aromaöle und einen guten Massagehandschuh für Bürstenmassagen sollten Sie im Haus haben.

Ziel der Kur sollte es ein, zu entschlacken, zu entwässern, abzunehmen und dadurch die Organe und Gefäße zu entlasten. Zelebrieren Sie Ihr Gesundheitsprogramm, und steigen Sie am besten gleich ein.

Für den Entspannungstyp empfiehlt sich eine Fastenkur mit naturreinen Pflanzensäften. Machen Sie eine 10-Tage-Kur mit »Schönenberger Pflanzensäften« (erhältlich im Reformhaus). Nehmen Sie am Vortag der Kur nur noch leichte Speisen in geringen Mengen zu sich. Verzichten Sie aufs Abendessen.

Wichtig ist für Sie, Heißhunger zu vermeiden. Es wird sonst unkontrolliertes Essen provoziert und Übergewicht gefördert. Nehmen Sie daher lieber eine kleine, kalorienarme Knabberei, bevor es zu Heißhunger kommt.

Was Sie für die Kur mit Pflanzensäften benötigen

Die Grundlage Ihrer Kur bildet ein Cocktail aus verschiedenen Pflanzensäften, den Sie morgens und abends nach der folgenden Rezeptur zusammenmixen: 2 Esslöffel Artischockensaft, 2 Esslöffel Brennnesselsaft, 4 Esslöffel Kartoffelsaft und etwa 6 Esslöffel »Fastofit« oder Tomatensaft in ein Longdrinkglas geben und gut verrühren. Ändern Sie das Mischungsverhältnis nicht, denn es ist auf einen optimalen Wirkungsgrad abgestimmt. Durch ihre Heilwirkungen ergänzen Pflanzensäfte das Stoffwechselgeschehen beim Fasten optimal.

- Wer einen empfindlichen Magen hat, gibt etwas Hafer-, Reis- oder Leinsamenschleim dazu. So werden die Säfte besser vertragen.
- Bereiten Sie sich eine Gemüsebrühe zu, die Sie mit Hefeflocken, Hefekonzentrat oder Kräutern – jedoch keinesfalls mit Salz – abschmecken können. Raspeln Sie in diese Gemüsebrühe etwas frisches Gemüse hinein, und löffeln Sie eine Tasse davon, wann immer Sie mögen. Gestalten Sie auf diese Weise Ihre »Mahlzeiten«.
- Trinken Sie um die Mittagszeit etwa 250 Milliliter »Fastofit« oder Tomatensaft.
- Wenn der Hunger – vor allem am Abend – zu stark wird, dann gönnen Sie sich 1 Pellkartoffel, und verzehren Sie sie genüsslich. Testen Sie jedoch, ob Ihnen danach das Fasten nicht schwerer fällt.
- Darüber hinaus trinken Sie Mineralwasser oder – je nach Jahreszeit – verdünnte Fruchtsäfte ohne Zuckerzusatz oder warme Kräuter- und Früchtetees. Achten Sie darauf, täglich mindestens 3 Liter Flüssigkeit zu sich zu nehmen.

Kleine Warenkunde

▶ »Fastofit« ist ein gewürzter Tomatensaft mit Apfelpektin. Er hat nicht nur einen angenehmen Geschmack, sondern liefert auch reichlich Ballaststoffe, die unerlässlich für die Verdauung und jetzt während des Fastens auch für die Sättigung sind. »Fastofit« enthält wertvolle Vitamine und Mineralstoffe und verstärkt darüber hinaus die Zufuhr Basen bildender Inhaltsstoffe.

▶ »Heilpflanzensaft Artischocke« regt insgesamt die Funktion der Verdauungsorgane an und steigert insbesondere die Produktion von Gallensaft. Er verbessert den Cholesterin- und den Fettstoffwechsel.

▶ »Heilpflanzensaft Brennnessel« fördert die Ausscheidung von Stoffwechselschlacken. Er reinigt das Bindegewebe und unterstützt dessen für den Gesamtorganismus wichtige Funktion.

▶ »Pflanzensaft Kartoffel« beruhigt den Magen und bindet überschüssige Magensäure.

Die »Schönenberger Schlankheitskur« fördert die Entschlackung und Reinigung des Körpers. Sie entlastet Herz und Kreislauf, entsäuert den gesamten Organismus und stärkt die Immunabwehr. Sie verlieren während der Kur garantiert Gewicht, je nach Durchführungsart bis zu zehn Pfund. Schreiben Sie täglich Ihr Gewicht auf – es motiviert, wenn man sieht, wie die Pfunde purzeln.

Pflanzensäfte sollten naturbelassen sein und dürfen keine Konservierungsstoffe enthalten. Am besten kaufen Sie sie im Reformhaus. Mit einer speziellen Saftpresse und frischen Zutaten können Sie sie auch selbst herstellen.

Einkaufsliste für die nächsten zehn Tage

▶ 3 Flaschen naturreiner »Heilpflanzensaft Artischocke« (aus dem Reformhaus)

▶ 3 Flaschen naturreiner »Heilpflanzensaft Brennessel«

▶ 3 Flaschen naturreiner »Pflanzensaft Kartoffel«

▶ 5 Flaschen »Fastofit« à 750 Milliliter oder 10 Flaschen Tomatensaft à 330 Milliliter

▶ Stilles Mineralwasser

▶ Kräuter- und Früchtetees nach Ihrer Wahl

▶ Frisches Gemüse zur Herstellung von Gemüsebrühe oder salzarme Gemüsebrühe (Extrakt)

Regelmäßige Bewegung an der frischen Luft ist nicht nur ein gutes Training für Ihren Organismus, sondern es fördert auch die Entgiftung und Entschlackung, und es beugt Kreislaufproblemen – nicht nur während der Fastenkur – vor.

So sieht Ihr erster Kurtag aus

Wie Sie es sich vorgenommen haben, beginnen Sie heute mit Ihrer Fastenkur – in den nächsten zehn Tagen steht Ihr Körper ganz im Mittelpunkt. Da der erste Kurtag auf ein Wochenende fällt, lösen Sie zuerst die angegebene Menge Glaubersalz in reichlich Wasser auf und trinken dies in kleinen Schlucken. Das schmeckt nicht besonders gut, ist dafür aber besonders wirkungsvoll: Es sorgt dafür, dass sich Ihr Darm in den nächsten Stunden entleert. Um sich rundum sicher zu fühlen, bleiben Sie daher besser zu Hause.
Legen Sie sich danach noch einmal hin, machen Sie einige Atemübungen, und massieren Sie ganz leicht Ihren Bauch. Wenn Sie sich von dieser Maßnahme erholt haben, nehmen Sie genüsslich eine Dusche mit Ihrem Lieblingsduschgel. Cremen Sie Ihren Körper danach gut ein, und kleiden Sie sich besonders schick.

Frühstück

▶ Bereiten Sie für das Frühstück und für den restlichen Vormittag reichlich Kräutertee zu. Füllen Sie ihn in eine Thermoskanne.
▶ Mixen Sie Ihren Cocktail aus 2 Esslöffeln Artischockensaft, 2 Esslöffeln Brennnesselsaft, 4 Esslöffeln Kartoffelsaft und 6 Esslöffeln »Fastofit« oder Tomatensaft. Servieren Sie den Cocktail in einem schönen Glas, und nehmen Sie ihn in kleinen Schlucken zu sich.
▶ Trinken Sie danach mindestens 3 Tassen Tee.
▶ Bereiten Sie sich als Vorrat für den ganzen Tag eine basenreiche Gemüsebrühe zu: Garen Sie etwa 500 Gramm Gemüse (bevorzugt Möhren, Sellerie, Lauch und glatte Petersilie) in 1,2 Liter Wasser. Gießen Sie die Brühe durch ein Sieb ab und würzen sie mit Hefeflocken. Wärmen Sie die Suppe kurz vor dem Verzehr auf. Sie können davon essen, so viel und wann immer Sie möchten.
▶ Der erste Vormittag ist nun zwar fast vorüber, aber vielleicht haben Sie trotzdem noch Zeit für einen flotten Spaziergang an der frischen Luft. Das fördert die Durchblutung und erhöht die Ausscheidung von Schlacken und Giftstoffen über die Haut.

Mittagessen

▶ Stellen Sie sich etwa 250 Milliliter »Fastofit« oder Tomatensaft bereit. Trinken Sie den Saft sehr langsam und in kleinen Schlucken.

▶ Wenn Sie Lust auf etwas Warmes haben, dann trinken Sie zusätzlich noch 1 Tasse Gemüsebrühe. Machen Sie aus Ihren Mahlzeiten kleine Rituale – auch wenn sie keinen »Biss« haben, sättigen sie auf diese Weise trotzdem.

▶ Legen Sie sich nach dem Essen zu einem kurzen Mittagsschlaf hin. Wenn Sie nicht schlafen können, nutzen Sie die Zeit sinnvoll, indem Sie ein Buch lesen, an etwas Schönes denken, Entspannungsübungen machen oder Musik hören.

▶ Danach sollten Sie sich vom ersten Tag an ein Programm zusammenstellen. Verabreden Sie sich mit Freunden zu einer Aktivität. Ideal sind Tätigkeiten wie Schwimmen, Spazierengehen oder Radfahren.

▶ Trinken Sie öfter Tee oder Mineralwasser, auch wenn Sie unterwegs sind, denn Trinken hält den Hunger fern.

▶ Wenn Sie am Spätnachmittag zurückkommen, belohnen Sie sich mit einer warmen Gemüsebrühe. Bevor es Abend wird, haben Sie nun noch ein wenig Zeit zum Entspannen.

Wollen Sie eine umfassende Wirkung auf Körper, Geist und Seele erzielen, so ist es von Vorteil, wenn Sie für die Kur einige Tage Urlaub nehmen. Sie werden feststellen, dass Ihre Gedanken umso klarer werden, je weniger Sie essen.

Entspannungstypen sollten auch bei den Getränken auf den Kaloriengehalt achten. Bevorzugen Sie Wasser und verdünnte Fruchtsäfte sowie Kräuter- und Früchtetees.

Bei einer Fastenkur mit selbst gepressten Obstsäften sollten Sie den Saft unmittelbar nach der Herstellung trinken. Pressen Sie Saft nie auf Vorrat, denn er verliert die meisten seiner wertvollen Inhaltsstoffe, wenn er nur zehn Minuten lang steht.

Abendessen

- Bereiten Sie sich frisch neuen Tee zu, auch als Vorrat für den restlichen Abend und für die Nacht.
- Mixen Sie sich nach der gleichen Rezeptur wie am Morgen Ihren Cocktail zusammen, und trinken Sie ihn in kleinen Schlucken.
- Essen Sie die restliche Gemüsebrühe.
- Wenn der erste Fastentag nicht zu anstrengend für Sie war, wäre ein Saunagang sehr gut, um die Ausscheidung anzukurbeln. Ansonsten gehen Sie mit einem interessanten Buch einfach früh zu Bett.
- Führen Sie an den nächsten Tagen immer wieder belebende, ausscheidungsfördernde Maßnahmen wie Wechselduschen und Bürstenmassagen durch. Sorgen Sie für ausreichend Bewegung.

Welche Kuren weiterhin für Sie geeignet sind

Teilfastenkur

Falls Ihnen diese Kur zu »hart« ist, machen Sie eine Teilfastenkur daraus. Essen Sie täglich 3 Mahlzeiten: zum Frühstück ein kleines Müsli ohne Zucker, zum Mittagessen eine große Salatportion mit etwas Reis, Kartoffeln oder Nudeln mit gedünstetem Gemüse und abends einen Gemüsetoast, einen kleinen Auflauf, einen Salat oder ein Käsebrot. Zwischendurch können Sie Obst oder Gemüsestifte essen. Sie sollten pro Tag nicht mehr als 1200 Kilokalorien zu sich nehmen.

Obstsaftkur

Sie können die Fastenkur natürlich auch mit Obstsäften durchführen: Trinken Sie über den Tag verteilt etwa 1 Liter milde Obstsäfte und dazu noch etwa 2 Liter Kräutertee.

Sauerkrautkur

Wenn Sie Sauerkraut mögen, dann stellen Sie sich eine Sauerkrautkur zusammen. Essen Sie mehrmals täglich eine Portion Frischkostsauerkraut. Mischen Sie nach Belieben Ananas- oder Apfelschnitze unter, und geben Sie einige Tropfen kaltgepresstes Pflanzenöl dazu.

Rohkostkur

Vielleicht mögen Sie es abwechslungsreicher und mit mehr »Biss«? Dann führen Sie eine Rohkostkur durch. Essen Sie mehrmals am Tag eine große Portion Gemüse. Bereiten Sie Ihre Lieblingsgemüsesorten roh mit wenig Öl zu. Bevorzugen Sie leicht verträgliche Sorten. Trinken Sie dazu über den Tag verteilt 1,5 bis 2 Liter Kräutertee.

Da sportliche Betätigung in der Regel nicht die allergrößte Leidenschaft des Entspannungstypen ist, aber dennoch besonders wichtig für ihn wäre, kommt es darauf an, ihm Spaß an der Bewegung zu vermitteln und sinnvolle Aktivitäten anzubieten.

Fitness- und Wellnessprogramm

Sie können die Wirkung der Kur noch unterstützen, wenn Sie sich ein individuelles Fitness- und Wellnessprogramm zusammenstellen. Das Abnehmen wird Ihnen leichter fallen, wenn Sie jeden Tag etwas für Ihren Körper tun.

- Kurbeln Sie Ihren Stoffwechsel an, und steigern Sie Ihren Energieverbrauch, indem Sie jeden Tag mindestens 30 Minuten flott spazieren gehen. Genießen Sie die Bewegung an der frischen Luft. Belohnen Sie sich nach Ihrer Rückkehr je nach Jahreszeit mit einem warmen Tee oder mit einer Apfelsaftschorle.
- Auch Walking, Stretching, Joggen oder Schwimmen sind für Sie geeignet. Bevorzugen Sie Ausdauer- vor Kraftsportarten. Auch unter gesundheitlichen Aspekten ist es für Sie nicht notwendig, intensive Belastungen mit hochrotem Kopf durchzustehen. Im Gegenteil – die Fettverbrennung läuft dann auf Hochtouren, wenn man sich bei der Bewegung noch unterhalten kann.
- Besonders effektiv ist es, wenn Sie mit leichter Gymnastik zusätzlich Ihre Muskulatur kräftigen. Mehr Muskeln verbrauchen mehr Fett – und das rund um die Uhr. Ihr Ziel sollte es sein, die Muskulatur des Oberkörpers zu kräftigen und von der Taille abwärts das Bindegewebe zu stärken. Besonders empfehlenswert sind kleine Übungen, die Sie im Alltag am Schreibtisch oder auch im Auto unauffällig durchführen können – so genannte isometrische Übungen.
- Sofern Sie nicht unter erhöhtem Blutdruck leiden, sind schweißtreibende Verfahren wie heiße Bäder und Sauna sehr zu empfehlen. Sie wirken entspannend und entschlackend.

Nahrungsergänzung

Knoblauch ist schon seit langem als natürliches Heilmittel bekannt, aber erst in jüngster Zeit wurde seine positive Wirkung auch wissenschaftlich nachgewiesen: Knoblauch stärkt die Immunabwehr und beugt Gefäß- und Herzerkrankungen vor.

- Kurbeln Sie Ihren Stoffwechsel morgens mit einem Apfelessigcocktail an. Geben Sie dazu 1 Esslöffel Apfelessig mit etwas Honig auf 1 Glas Mineralwasser.
- Auf die Stärkung der Blutgefäße und die Vorbeugung von arteriosklerotischen Erkrankungen sollten Sie besonderen Wert legen. Zur Nachkur und gegebenenfalls auch schon während der Kur sollten Sie Knoblauch in Form von Kapseln, Dragees oder Frischpflanzensaft zu sich nehmen. Knoblauch senkt die Blutfettwerte und den Cholesterinspiegel und »verflüssigt« darüber hinaus das Blut. Diese Wirkungen werden unterstützt durch die Einnahme von Vitamin E.
- Zur Pflege der Arterien und Venen ist weiterhin Buchweizen- oder Misteltee (2 Tassen pro Tag) zu empfehlen.
- Bei einer familiären Veranlagung zu Diabetes mellitus ist eine Nahrungsergänzung mit den Spurenelementen Chrom und Zink anzuraten. Damit sollten Sie beginnen, wenn Sie Ihre Kur beendet haben.
- Falls Sie zu Ödemen neigen, sollten Sie kaliumreiche Arzneitees trinken, die ausschwemmend wirken, z. B. Löwenzahn-, Bohnenschalen- oder Zinnkrauttee. Auch Birken- und Goldrutenkraut wirken aus-

Knoblauch wird am besten roh in Salaten verzehrt, weil dann alle Wirkstoffe in den Körper gelangen können. Es gibt ihn aber auch in Pulverform, als Presssaft und in Form von Präparaten.

schwemmend. Am besten geeignet ist Brennnesseltee oder -pflanzensaft, der darüber hinaus auch den Energieverbrauch des Körpers erhöht. Sie lernen ihn bei der Kur kennen, sollten ihn jedoch auch anschließend in regelmäßigen Abständen zu sich nehmen.

Tipps für die Nachkur

Zur Nachkur sollte der Entspannungstyp 10 Wochen lang ein gutes Knoblauchpräparat zur Vorbeugung von arteriosklerotischen Erkrankungen einnehmen und zur Pflege von Arterien und Venen Buchweizen- oder Misteltee trinken.

Schönheitspflege

Die Haut von Entspannungstypen ist meist unproblematisch, weich, glatt und rosig. Auch wenn Ihre Haut diesem Hautbild entspricht und keine Probleme aufweist, denken Sie an ausreichenden Schutz vor negativen Umwelteinflüssen, und gönnen Sie sich während der Kur etwas Besonderes.

- Wählen Sie eine hochwertige Tagescreme und eine leichte Nachtcreme, die Sie vielleicht nur 2- bis 3-mal die Woche benötigen.
- Verwenden Sie täglich belebende, erfrischende Gesichtswässer und Lotionen. Wenn Sie es vertragen, machen Sie 1-mal pro Woche ein leicht massierendes Peeling.
- In reiferen Jahren – dies gilt übrigens für alle Konstitutionstypen – sollte die Pflege intensiver werden. Auch bei Ihrem Hauttyp ergänzen dann Ampullen die Pflege optimal.
- Gönnen Sie sich während der Kur 2- bis 3-mal eine durchblutungsfördernde Gesichtsmaske, die Sie bei entspannter Musik in einer schönen Atmosphäre genießen.
- Betreiben Sie Kosmetik von innen, indem Sie Ihren Darm durch reichlich Ballaststoffe auf Trab bringen. Durch einen weitgehenden Verzicht auf Salz fördern Sie die Aussscheidung über die Nieren.

Gewichtsabnahme kann die Haut altern lassen. Durch den Abbau des Fettgewebes der Unterhaut erschlafft die Epidermis (Oberhaut), und es bilden sich Fältchen. Sorgfältige Pflege während einer Fastenkur kann diesen Effekt mildern.

Die Pflanzensaftkur wird sich übrigens bereits in den ersten Tagen sehr positiv auf Ihre Haut auswirken.

▶ Wählen Sie kreislaufanregende Bäder mit Rosmarin- und Rosskastanienextrakt, und verwenden Sie für Ihre Räume – vor allem für die, in denen Sie sich längere Zeit aufhalten – anregende ätherische Öle, beispielsweise mit Zitrusaroma.

Im Gegensatz zum Empfindungs- oder Bewegungstyp ist dem Entspannungstyp häufiger ein Ausbrechen aus seinen gewohnten Lebensabläufen zu empfehlen. Veränderungen sind wichtig für ihn, um seine Tendenz zur Trägheit zu durchbrechen.

Wohlfühlprogramm für danach

Falls Ihnen die Saftkur gut getan hat, legen Sie in den nächsten Wochen jeweils einen Safttag ein. Sorgen Sie für Abwechslung, indem Sie zwischen unterschiedlichen Säften wechseln.

▶ Bei der Zusammenstellung Ihrer täglichen Nahrung sollten Sie sich besonders um den Energiegehalt der Lebensmittel kümmern. Sie sind ein guter »Futterverwerter« und können daher leider nicht – wie der Bewegungstyp – fast alles essen, ohne dass es anschlägt.

▶ Fett ist der Nährstoff, vor dem Sie sich am meisten hüten müssen. Eine zu fettreiche Ernährung macht nicht nur dick – wie neuere Forschungen bewiesen haben, ist sie auch maßgeblich an der Entstehung vieler Erkrankungen beteiligt. Entwickeln Sie eine Spürnase für Fett, und lernen Sie, zwischen fettreichen und fettarmen Lebensmitteln zu unterscheiden, denn nicht in allen ist so offensichtlich Fett enthalten wie in Butter, Margarine und Öl.

Lebensmittel, die viel Fett enthalten

Öl	100 %	Schokolade	ca. 35 %
Butter, Margarine	ca. 80 %	Nuss-Nougat-Creme	ca. 35 %
Mayonnaise	ca. 80 %	Fettes Fleisch	ca. 30 %
Marzipan	ca. 60 %	Käse 60 % F. i. Tr.	ca. 30 %
Nüsse	ca. 50 %	Sahne	ca. 30 %
Blätterteiggebäck	ca. 50 %	Fetter Fisch	ca. 20 %
Fette Wurst	ca. 35 %	Avocados	ca. 15 %
Crème fraîche	ca. 35 %	Sahnequark	ca. 12 %

Wussten Sie beispielsweise, dass Marzipan fast so viel Fett enthält wie Butter? Dass Rohmilchcamembert es mit Sahne leicht aufnehmen kann und dass Wurst auch ohne »Fettaugen« im Schnitt aus mehr als einem Drittel Fett besteht?
Cremig schmeckende Speisen, mürbes Gebäck und sahnige Desserts enthalten oft sehr viel Fett. Fett ist nunmal ein guter Geschmacksträger, und ohne Fett würde das Kochen und Essen nur halb so viel Spaß machen. Dennoch sollte man bewusst damit umgehen.
Essen Sie ruhig weiterhin Ihre Lieblingsspeisen, machen Sie sich dabei aber bewusst, ob es sich um »gute« oder »schlechte« Lebensmittel handelt. Ein Rohmilchcamembert mit 60 Prozent Fettgehalt kann für Sie ein schlechtes Lebensmittel sein, wenn Sie die Menge und die Häufigkeit des Verzehrs nicht kontrollieren. Dies gilt auch für Süßigkeiten, nicht nur wegen des Fetts, sondern auch wegen des hohen Zuckergehalts. Sie müssen nicht völlig auf fettreiche und süße Speisen verzichten, sollten aber die Menge in den Griff bekommen.
▶ Geizen Sie also mit Fett, gehen Sie bei der Zubereitung von Salatsaucen sparsam mit Öl um, und bevorzugen Sie fettsparende Garmethoden wie Dämpfen, Dünsten und Grillen. Essen Sie zum Frühstück Obst und Müsli, und verzichten Sie auf fettreiche Brotaufstriche.

Um Ihren Fettstoffwechsel anzukurbeln, müssen Sie ja nicht gleich zum Hochleistungssportler werden. Aber lassen Sie bei kürzeren Strecken doch häufiger einmal Ihr Auto stehen, und nehmen Sie das Fahrrad, oder gehen Sie zu Fuß.

Die Fettverbrennung unterstützen

▶ Probieren Sie aus, auf welche Mahlzeit Sie am ehesten verzichten können. Zelebrieren Sie dafür Ihre Lieblingsmahlzeit, und nehmen Sie sich Zeit, essen aber deshalb nicht mehr.
▶ Nehmen Sie Alkohol nur in begrenzten Mengen zu sich, und trinken Sie alkoholische Getränke nie gegen den Durst, sondern nur, weil Sie sie genießen möchten.
▶ Falls eine Neigung zu Wasseransammlungen (Ödemen) im Gewebe vorhanden ist, sollten Sie mit Kochsalz sparsam umgehen und dafür vermehrt mit frischen Kräutern würzen.
▶ Brennnesseltee und Brennnesselsaft wirken ausschwemmend und kurbeln die Fettverbrennung an. Sie sollten beides daher in regelmäßigen Abständen kurmäßig trinken.

Rezepte für den Entspannungstyp

Beerenmüsli mit Cornflakes

Zutaten (für 2 Portionen): 2 Tassen gemischte Beeren (frisch oder tiefgekühlt) • 2 Becher fettarme Sauermilch (à 150 g) 1 EL Honig oder Süßstoff • 6 EL Biocornflakes
Zubereitung: Die Beeren in zwei Dessertschälchen geben. Die Sauermilch mit Honig oder Süßstoff verrühren und über den Beeren verteilen. Die Cornflakes darüber streuen.

Tomatendrink

Zutaten (für 1 Portion): 200 ml Tomatensaft • 1/2 Apfel ohne Schale 1 Prise Meersalz • schwarzer Pfeffer • 2 EL Sahne • 100 ml Mineralwasser mit Kohlensäure • 3 klein geschnittene Basilikumblätter
Zubereitung: Den Tomatensaft mit dem klein geschnittenen Apfel, den Gewürzen und der Sahne pürieren. Mit Mineralwasser verrühren. In ein Longdrinkglas gießen und mit Basilikum garnieren.

Die aromatischen Blätter der Rauke, die bei uns auch unter ihrem italienischen Namen »Rucola« bekannt ist, wurden bereits von den Römern geschätzt. Die Rauke gehört zur Kohlfamilie und erinnert im Geschmack an Brunnenkresse.

Spargel-Rucola-Salat

Zutaten (für 2 Portionen): 400 g weißer Spargel • 1 Bund Rucola 1 Tomate
Dressing: 1 EL Senf • 1 EL Zitronensaft • 1 Prise Zucker • 1/2 Knoblauchzehe • Kräutersalz • Cayennepfeffer • 2 EL kaltgepresstes Sonnenblumenöl
Zubereitung: Den Spargel schälen, die holzigen Enden großzügig abschneiden. Die Spargelstangen in sehr dünne Scheiben schneiden. Den Rucola waschen, gut abtropfen lassen und klein schneiden. Die Tomate vierteln, die Kerne entfernen und das Fruchtfleisch in Würfel schneiden. Aus Senf, Zitronensaft, Zucker, zerdrücktem Knoblauch, Kräutersalz, wenig Cayennepfeffer und Sonnenblumenöl ein Dressing anrühren. Spargel und Rucola damit vermischen. Den Salat auf zwei Teller verteilen und mit Tomatenwürfeln bestreuen.

Tomatensalat

Zutaten (für 2 Personen): 4 Tomaten • 1 mittelgroße Zwiebel
1/2 Bund Basilikum • 1–2 EL Balsamicoessig • Meersalz
schwarzer Pfeffer
Zubereitung: Die Tomaten in Scheiben, die abgezogene Zwiebel in Würfel schneiden. Das Basilikum grob hacken, einige Blätter zum Garnieren beiseite legen. Die Tomaten auf zwei Teller verteilen, mit Zwiebeln und Basilikum bestreuen. Mit Balsamicoessig beträufeln, mit Salz und Pfeffer würzen. Mit ganzen Basilikumblättern garnieren. Dazu passt Vollkornfladen.

Der fettarme, quarkähnliche Tofu wird aus Sojabohnen gewonnen und enthält daher viel wertvolles Pflanzeneiweiß. Er schmeckt eher neutral und kommt deshalb mit aromatischen Zutaten und kräftiger Würze am besten zur Geltung.

Tofucarpaccio

Zutaten (für 2 Portionen): 200 g Tofu • 1 kleiner Apfel • 1/2 rote Paprikaschote • 1 Stange Bleichsellerie • Meersalz • weißer Pfeffer
Dressing: 1 TL Kräutersenf • 1 zerdrückte Knoblauchzehe
2 EL Bärlauchessig • 2 EL kaltgepresstes Walnussöl • 1 EL kaltgepresstes Sonnenblumenöl • 1/2 TL flüssiger Honig • 1/2 Bund klein geschnittener Schnittlauch • 1 TL grob gehackte, ohne Fett leicht angeröstete Walnusskerne
Zubereitung: Den Tofu in dünne Scheiben schneiden, auf flachen Tellern auslegen. Apfel, Paprikaschote und Bleichsellerie waschen, putzen und in sehr kleine Würfel schneiden. Auf dem Tofu verteilen und mit Salz und Pfeffer würzen. Aus Senf, Knoblauch, Essig, Öl und Honig ein Dressing anrühren. Den Tofu und das Gemüse damit beträufeln. Alles etwa 20 Minuten durchziehen lassen. Mit Schnittlauchröllchen und gehackten Nüssen bestreut servieren.

Gemüsechips auf Avocadocreme

Zutaten (für ca. 8 Portionen): 1 kleine Sellerieknolle • 2 große Möhren • 2 große Kartoffeln • 50 ml kaltgepresstes Sonnenblumenöl
1 Avocado • Saft von 1/2 Zitrone • 3 EL Magerquark • 5 EL Milch
Meersalz • schwarzer Pfeffer

Zubereitung: Sellerie, Möhren und Kartoffeln schälen. Den Sellerie vierteln, die Möhren ganz lassen, die Kartoffeln halbieren. Auf einem scharfen Gemüsehobel in feine Scheiben schneiden. Die Scheiben jeweils dünn mit Öl bestreichen. Ein Backblech mit Backpapier auslegen, die Gemüsescheiben darauf verteilen. Im vorgeheizten Backofen bei einer Temperatur von 220 °C in etwa 10 Minuten goldgelb backen. In der Zwischenzeit die Avocado schälen, entkernen und das Fruchtfleisch in Stücke schneiden. Mit Zitronensaft, Quark, Milch, Meersalz und schwarzem Pfeffer pürieren. In den Kühlschrank stellen. Die heißen Gemüsechips mit der kalten Avocadocreme servieren.

Gurken enthalten sehr viel Wasser und sind deshalb besonders kalorienarm. Sie schmecken am besten, wenn man sie mit einer Vinaigrette, Joghurt oder saurer Sahne als Salat anmacht bzw. mit Fisch oder Meeresfrüchten füllt.

Gefüllte Gurkenröllchen

Zutaten (für 4 Portionen): 2 glatte, nicht zu dünne Salatgurken
250 g Magerquark • 4 EL Milch • 2 Bund Dill • schwarzer Pfeffer
Meersalz • 1 Prise Schabzigerklee • 4 kleine Tomaten • 1 Tasse
Sprossen oder Kresse

Zubereitung: Von den Gurken die Enden und an zwei Seiten die Rundungen der Länge nach abschneiden. Die Rundungen zur Garnitur in kleine Würfel schneiden. Die Gurken der Länge nach mit einem langen, schmalen Messer in sehr dünne Scheiben schneiden. Den Quark mit Milch, gehacktem Dill, schwarzem Pfeffer, Salz und Schabzigerklee verrühren. Die Gurkenscheiben mit dem Quark bestreichen, zusammenrollen und hochkant auf eine Platte setzen. Tomaten entkernen und in kleine Würfel schneiden. Die Gurkenröllchen mit Tomaten-Gurken-Würfeln und mit Sprossen oder Kresse garnieren.

Ofenkartoffeln mit Dips

Zutaten (für 4 Portionen): 400 g mittelgroße Kartoffeln • wenig
Öl zum Bestreichen • Kümmel • Rosmarin • Sesam oder Paprika
zum Bestreuen • 250 g Magerquark • 100 ml Milch • Meersalz
1/2 EL Hefewürzextrakt (Vitam R mit Kräutern) • 1/2 Bund Schnittlauch • 1 EL kaltgepresstes Kürbiskernöl • 1/2 TL Zitronensaft
1 EL Kürbiskerne • 5 Radieschen • 1 Beet Kresse

Zubereitung: Kartoffeln bürsten, halbieren und mit der Schnittfläche auf ein geöltes Backblech setzen. Mit Öl bepinseln, nach Geschmack würzen oder bestreuen. Im vorgeheizten Backofen bei 220 °C etwa 20 Minuten überbacken. Quark mit Milch glatt rühren, leicht salzen. Die eine Hälfte mit Hefewürze und Schnittlauchröllchen abschmecken. Die andere Hälfte mit Kürbiskernöl, Zitronensaft und Kürbiskernen würzen. Mit fein gehackten Radieschen und Kresse bestreuen.

Putenroulade mit Rucola

Zutaten (für 2 Portionen): 2 Putenschnitzel (à 130 g) • Meersalz Pfeffer • 2 EL Tomatenmark • 50 g Rucola • 1–2 EL kaltgepresstes Pflanzenöl • 50 ml Gemüsebrühe • 1 Schuss Weißwein
Zubereitung: Schnitzel flach klopfen, mit Salz und Pfeffer würzen und mit Tomatenmark bestreichen. Rucola klein schneiden, auf den Schnitzeln verteilen. Seiten einschlagen, das Fleisch zu Rouladen aufrollen, mit Holzspießen zusammenstecken. In einer beschichteten Pfanne das Öl erhitzen und die Rouladen darin rundum braun anbraten. Gemüsebrühe und Weißwein nach und nach zugießen. Zugedeckt bei mittlerer Hitze etwa 25 Minuten garen.

Putenrouladen vertragen eine kräftige Würze. Sie schmecken auch hervorragend, wenn man sie mit einer herzhaften Creme aus Frischkäse, gehackten Walnüssen, geriebenem Parmesankäse, Knoblauch und frischen Kräutern füllt.

Die Rauke, bei uns auch unter ihrem italienischen Namen »Rucola« bekannt, wird meist roh als Salat verwendet. Aber auch gegart verleiht sie Gerichten wie der Putenroulade eine angenehme Würze.

Safran gehört zu den teuersten Gewürzen der Welt, er kann jedoch sparsam verwendet werden. Eine kleine, am Anfang des Kochprozesses zugegebene Prise reicht aus, um ein ganzes Gericht zu würzen und ihm eine goldene Farbe zu verleihen.

Leichtes Spargelgratin

Zutaten (für 2 Portionen): je 500 g weißer und grüner Spargel
Meersalz • Saft von 1 Zitrone • 150 g saure Sahne • 1 Ei • schwarzer Pfeffer • Cayennepfeffer • 4 EL geriebener Schnittkäse • abgeriebene Schale von 1 unbehandelten Zitrone • Fett für die Form

Zubereitung: Den weißen Spargel ganz, den grünen Spargel nur an den Schnittflächen schälen. Wasser mit Salz und Zitronensaft erhitzen, den Spargel darin bissfest kochen. Abgießen und in eine gefettete flache Gratinform geben. Saure Sahne mit Ei, Pfeffer, Cayennepfeffer, Käse und Zitronenschale verrühren. Auf dem Spargel verteilen und im vorgeheizten Backofen bei 220 °C etwa 10 Minuten gratinieren.

Vegetarische Paella

Zutaten (für 4–6 Portionen): je 1 rote, grüne und gelbe Paprikaschote
2 rote Chilischoten • 4 Knoblauchzehen • 1 Zwiebel • 250 g Tofu
4 EL kaltgepresstes Olivenöl • 250–300 g Naturreis • 750 ml Gemüsebrühe (Extrakt) • 150 ml trockener Weißwein • 150 g tiefgekühlte Erbsen • 100 g schwarze Oliven • 1 Prise Safranpulver • Cayennepfeffer • Meersalz

Zubereitung: Paprika und Chilischoten waschen, entkernen und in kleine Stücke schneiden. Knoblauch und Zwiebel abziehen und fein hacken. Den Tofu würfeln. Alles in der Hälfte des Öls anbraten. Das restliche Öl in einer großen Pfanne erhitzen, den Reis darin glasig dünsten. Mit Gemüsebrühe und Wein aufgießen und bei niedriger Hitze zugedeckt etwa 20 Minuten garen. Erbsen, gedünstetes Gemüse, Tofu und Oliven zugeben. Mit Safran, Cayennepfeffer und Meersalz würzen. Weitere 25 Minuten bei geschlossenem Deckel garen.

Erdbeeren in Mangosauce

Zutaten (für 2 Portionen): 4 EL Orangensaft • Saft von 1/4 Zitrone
1 EL Ahornsirup • 3 EL Mango-Vollfrucht • 1 Prise Delifruit
1/2 TL Biobin • 400 g Erdbeeren • 8–12 Melisseblätter

Orangensaft, Zitronensaft, Ahornsirup und Mango-Vollfrucht miteinander verrühren, mit Delifruit würzen und mit Biobin leicht andicken. Die Erdbeeren waschen, putzen und halbieren. In die Sauce geben, einige Minuten durchziehen lassen. Auf zwei Dessertschalen verteilen und mit Melisseblättern garnieren.

Äpfel mit Knusperfüllung

Zutaten (für 4 Portionen): 2 große Äpfel • Saft von 1 Zitrone
2 EL Orangensaft oder 2 EL Amaretto (Mandellikör) • 5 EL zerbröseltes Vollkorngebäck • 2 EL grob gehackte Nüsse
Zubereitung: Äpfel halbieren, Kerngehäuse entfernen. 2 bis 3 Minuten in Zitronenwasser blanchieren, abtropfen lassen. Orangensaft oder Amaretto, Gebäckbrösel und Nüsse vermengen und in die Äpfel füllen. Im vorgeheizten Backofen bei 220 °C etwa 10 Minuten überbacken.

Holunder-Birnen-Dessert

Zutaten (für 2 Portionen): 1/4 Liter Holundersaft • 1/2 Tasse Wasser
1 EL Vollzucker oder Ursüße • 2 Nelken • 1 Zimtstange • Schale von 1 unbehandelten Zitrone • 2 feste Birnen
Zubereitung: In einem Topf Holundersaft, Wasser, Zucker, Gewürze und Zitronenschale erhitzen. Birnen schälen, halbieren und Kerngehäuse entfernen. Zugedeckt im Holundersaft etwa 20 Minuten garen. Herausnehmen und gut abtropfen lassen. Lauwarm servieren.

Schlemmermenü für den Entspannungstyp

Wenn Sie mögen, können Sie zum Auftakt ein kleines Gläschen Prosecco oder trockenen Sekt trinken. Zum Menü passt ein kräftiger, gut gekühlter Weißwein, beispielsweise ein Grauer Burgunder.

- Tomatensalat
- Tofucarpaccio
- Putenroulade mit Rucola

oder (als fleischlose Variante):

- Vegetarische Paella
- Naturreis
- Erdbeeren in Mangosauce

Wer Holundersaft selbst herstellen möchte, kann von Ende August bis Ende September an vielen Wegrändern die tiefschwarzen, vitaminreichen Beeren ernten. Holundersaft färbt stark und darf nur gekocht getrunken werden.

Special

Bausteine einer gesunden Ernährung

Ein zeitgemäßes Ernährungskonzept muss die wesentlichen Beweggründe der Menschen für ihre selbstbestimmte Ernährungsweise berücksichtigen und einen großen individuellen Freiraum geben. Die Individualität des Menschen, seine Genussfähigkeit und eine hohe Lebensmittelqualität sind dabei die wesentlichen Bestandteile. Zu einer genussvollen, gesunden und für den Einzelnen optimalen Ernährung sollten Sie daher zunächst einige Orientierungspunkte beachten, die für alle Menschen, gleich welchen Typs, gelten.

Essen ist ein Vergnügen, bei dem alle Sinne angesprochen werden. Die Genussfähigkeit steht in enger Verbindung mit Gesundheit, Vitalität und Lebensfreude. Wahrer Genuss beinhaltet immer ein vernünftiges Maß und erfordert sorgfältige Lebensmittelauswahl.

Die eigene Einstellung zum Essen verändern

▶ Unterscheiden Sie zwischen Idealgewicht und Ihrem Wohlfühlgewicht, und lassen Sie sich durch ein unsinniges Modediktat nicht irritieren. Entdecken Sie, dass gesundes Essen Spaß macht, und lernen Sie zu genießen. Stehen Sie zu Ihren Vorlieben. Auch wenn Sie abnehmen möchten, essen Sie, wenn Sie Hunger haben, und lassen Sie keinen Heißhunger entstehen. Dass Maßhalten dennoch eine Rolle spielt, versteht sich von selbst. Essen Sie keine Reste, auch wenn es Ihnen schwer fällt, etwas wegzuwerfen. Und falls Sie wieder einmal einige Pfunde loswerden möchten, wiederholen Sie Ihre Kur, oder planen Sie einen Schalttag ein. Ob Safttag, Molketag, Reistag oder Körnerkur – wählen Sie die passende Kur für Ihren Typ.

Herkunft und Verarbeitung von Lebensmitteln beachten

▶ Wichtig ist der richtige Einkauf: Lebensmittel mit hoher Qualität (Reformhausqualität) sichern die Versorgung mit lebensnotwendigen Nährstoffen und tragen zum Wohlfühlgewicht bei. Bevorzugen Sie Lebensmittel aus artgerechter Tierhaltung und ökologischem Anbau. Achten Sie auf Frische und bei verarbeiteten Lebensmitteln auf die Zutatenliste. Kaufen Sie keine Lebensmittel, die mit bedenklichen und überflüssigen Technologien sowie synthetischen Zusatzstoffen hergestellt wurden. Abzulehnen sind vor allem synthetische Farbstoffe, Antioxidanzien und Konservierungsstoffe. Bevorzugen Sie Lebensmittel der Saison, sie sind in der Regel aromatischer und frischer als Produkte, die lange Transporte und Lagerzeiten hinter sich haben. Sie tragen damit auch zur Schonung der Umwelt (Energieaufwand) und Ihres Geldbeutels bei: Saisonale Produkte sind fast immer preiswerter.

Die Qualität eines Lebensmittels wird bestimmt durch die Sortenauswahl, durch die Qualität des Bodens, durch den Anbau, das Klima und durch Tierhaltung und -fütterung. Bei verarbeiteten Lebensmitteln wirken sich die Verarbeitungsschritte und die Art der Verpackung aus.

Den täglichen Speiseplan gezielt zusammenstellen

▶ Gehen Sie beim Kochen sparsam mit Fett, Zucker und Salz um. Verwenden Sie frische Kräuter zum Würzen. Bereiten Sie Salate mit kaltgepressten Pflanzenölen zu: Sie geben dem Essen Geschmack und enthalten wertvolle Biostoffe.
Bevorzugen Sie Milch und Sauermilchprodukte mit rechtsdrehender Milchsäure. Wählen Sie bei Getreide, Müsli, Nudeln, Brot und Gebäck vorwiegend Produkte aus Vollkorn – sie machen satt und halten länger vor. Essen Sie ausreichend Gemüse und frisches Obst. Naschen Sie gesunde Trockenfrüchte – sie erfrischen und geben Power. Nehmen Sie ein Müsli, einen Fruchtsalat o. Ä. mit ins Büro, wenn Sie berufstätig sind und die Kantine kein gesundes Essen anbietet.
Trinken Sie täglich etwa 1,5 bis 2 Liter Mineralwasser, Kräutertees oder mit Wasser verdünnte Fruchtsäfte. Verzichten Sie auf alkoholische oder koffeinhaltige Getränke.

Durch richtige Zubereitung wertvolle Vitalstoffe schonen

▶ Achten Sie auf die richtige Lagerung und Zubereitung, damit die Lebensmittel ihre wertvollen Inhaltsstoffe nicht verlieren. Bereiten Sie frische Lebensmittel direkt vor dem Essen zu, und verzichten Sie auf längeres Wässern und Warmhalten. Es ist günstiger, das Essen abzukühlen und bei Bedarf schnell wieder aufzuwärmen. Garmethoden wie Dünsten, Dämpfen und Grillen schonen den Nährstoffgehalt der Speisen. Achten Sie vor allem im Winter auf Vitamine und Mineralstoffe, und ergänzen Sie Ihre tägliche Nahrung mit Fruchtsäften, Fruchtkonzentraten, Multivitaminpräparaten, Mineralstoffmischungen, Hefeflocken, Sonnenblumenkernen und Weizenkeimen.

Ob man sich mit einer Tasse Tee, einem guten Buch oder einem angenehmen Duft verwöhnt – alles, was man gern tut, steigert das Wohlgefühl.

Wellness – der Begriff ist in aller Munde, steht aber in keinem Wörterbuch. Es handelt sich dabei um einen Lebensstil, der eine gesunde Ernährung, körperliche Fitness, natürliche Schönheit und eine ausgeglichene Psyche umfasst.

Wellnessübungen für jeden Typ

Sich wohl zu fühlen ist in unserer Zeit längst keine Selbstverständlichkeit mehr. Stress und Hektik bestimmen unseren Alltag derart, dass es immer schwerer wird, auch mal abzuschalten und die Seele so richtig baumeln zu lassen. Im Folgenden finden Sie einige Tipps für ein absolut gutes Lebensgefühl ganz nach dem Motto: »Geringer Aufwand, enorme Wirkung.« Sie erfahren, wie Sie Stress wirkungsvoll abbauen und vermeiden können, und wie Sie fit und entspannt die kleinen und großen Hürden des Alltags meistern.

Aromatherapie

Naturreine ätherische Öle beeinflussen über den Geruchssinn das vegetative Nervensystem. Sie dringen über die Haut bis in die inneren Organe vor und entfalten dort eine heilende Wirkung. Die Aromatherapie macht sich diese Erkenntnisse zunutze. Wissenschaftlich nachgewiesen wurden die folgenden Eigenschaften von ätherischen Ölen: Sie stimulieren alle absondernden Drüsen, sie regen die peristaltische Muskulatur an, sie desinfizieren, beruhigen und entspannen. Aromaöle wirken anregend und belebend, sie beeinflussen die Psyche und das Unbewusste.
Für Aromaöle gibt es mehrere Möglichkeiten der Anwendung. Zuerst einmal natürlich das Bad. Dazu vermischen Sie 15 bis 20 Tropfen Aromaöl mit etwas Sahne oder Milch und geben die Mischung in das Badewasser. Genauso häufig wird auch die Duftlampe angewendet: Man stellt sie gefüllt mit Wasser und ein paar Tropfen ätherischem Öl im Zimmer auf und lässt die Flüssigkeit durch ein brennendes Teelicht verdampfen. Damit Sie das geeignete Aromaöl für Ihren Typ finden, beachten Sie die folgende Übersicht.

So wirken ätherische Öle

- **Bergamotte:** antiseptisch, verdauungsanregend, ausgleichend, aufmunternd, auf der Haut reinigend und desodorierend
- **Eukalyptus:** antiseptisch, schleimlösend, krampflösend, stärkend, konzentrationsfördernd, anregend
- **Fenchel:** verdauungsfördernd, krampflösend, entspannend, auf der Haut durchblutungsfördernd und straffend
- **Geranium:** antibakteriell, schmerzlindernd, antidepressiv, beruhigend, phantasieanregend, auf der Haut beruhigend
- **Gewürznelke:** antibakteriell, schmerzstillend, magenwirksam, stärkend, auf der Haut antibakteriell und wundheilend
- **Ingwer:** antibakteriell, krampflösend, stärkend, aphrodisierend, auf der Haut feuchtigkeitsregulierend
- **Kamille:** wundheilend, krampflösend, schmerzstillend, beruhigend, auf der Haut antibakteriell und entzündungshemmend
- **Lavendel:** antiseptisch, krampflösend, beruhigend, ausgleichend, aufbauend, auf der Haut insektenabweisend und antibakteriell
- **Orange:** desinfizierend, herzstärkend, verdauungsfördernd, erheiternd, ausgleichend, auf der Haut gegen Zellulite
- **Rose:** antiseptisch, krampflösend, kühlend, ausgleichend, sinnlich, auf der Haut klärend und zusammenziehend
- **Rosmarin:** antiseptisch, krampflösend, herzstärkend, belebend, aufrichtend, Nerventonikum
- **Sandelholz:** regenerierend, beruhigend, antidepressiv
- **Thymian:** krampflösend, desinfizierend, aufbauend, nervenstärkend, auf der Haut antiseptisch und entgiftend
- **Wacholder:** desinfizierend, entgiftend, nervenstärkend, konzentrationsfördernd, auf der Haut reinigend und entwässernd
- **Weihrauch:** antibakteriell, beruhigend, ausgleichend, entspannend, auf der Haut glättend, beruhigend und pflegend
- **Zimtrinde:** antibakteriell, krampflösend, verdauungsfördernd, wärmend, nervenstärkend, auf der Haut durchblutungsfördernd
- **Zitrone:** antibakteriell, Säure neutralisierend, anregend, klärend, auf der Haut straffend und entschlackend

Unsere Nase kann etwa 7500 Gerüche unterscheiden. Bestimmte Düfte wirken beruhigend und entspannend, andere wirken sich kräftigend und anregend auf die Psyche aus – und verbessern dadurch auch unser Wohlbefinden.

Atemübungen

Die ideale Atemtechnik ist die Bauchatmung. Sie sorgt dafür, dass genügend Sauerstoff in die Lunge und von dort in die Blutbahnen eingeschleust wird. Beobachten Sie einmal Ihre eigene Atmung: Wenn Sie sich dabei ertappen, flach und mit dem Zwerchfell zu atmen, dann sollten Sie Ihre Atemtechnik verändern und sich bewusst damit beschäftigen. Bei der Bauchatmung atmen Sie bei geschlossenem Mund durch die Nase ein; beim Ausatmen hebt sich das Zwerchfell, und der Bauch zieht sich zusammen. Beim Einatmen dehnt sich der Bauch – legen Sie am Anfang zur Kontrolle die Hände auf den Bauch –, das Zwerchfell senkt sich und massiert die Bauchorgane.

Atmen Sie also ein, halten Sie den Atem eine Weile an, und atmen Sie dann wieder aus. Vielleicht ist dies am Anfang etwas ungewohnt für Sie, aber wenn Sie diese Atemtechnik regelmäßig üben, wird sie Ihnen immer selbstverständlicher erscheinen. Sie werden vor allem in Stresssituationen entspannter und souveräner reagieren, weil Sie sich durch das Atmen besser entspannen und entkrampfen können. Bewusstes Atmen kann man lernen, es baut Ängste und innere Spannungen ab, verbessert das Körpergefühl und trägt zur Gesundheit bei.

Atmen Sie in schwierigen Situationen ein paarmal tief durch. Panik oder Angst verflüchtigen sich dann schneller, und Sie bekommen wieder einen klaren Kopf. Richtig atmen zu lernen ist leicht – auch Sie werden es nach ein paar Minuten können.

Entspannung für Körper und Geist

Autogenes Training

Beim autogenen Training handelt es sich um eine Methode der Selbstbehandlung, die Anfang des Jahrhunderts von dem Psychiater Johannes Schultz entwickelt wurde. Sie basiert auf dem Grundsatz, dass Gefühle oder Gedanken sich im Körper auswirken.

Mit einfachen Übungen lässt sich erreichen, dass die Atmung tiefer und ruhiger wird, der Herzschlag sich automatisch dieser Ruhe anpasst und viele Stoffwechselprozesse günstig beeinflusst werden. Mit autogenem Training erhöht sich die Konzentrationsfähigkeit, und es lassen sich auch falsche Hunger- und Durstsignale ausschalten.

Feldenkrais

Die von dem Physiker Moshé Feldenkrais entwickelte Methode zielt darauf ab, das Spektrum der eigenen Bewegungsmöglichkeiten zu erweitern. Durch die Anleitung zur Selbstbeobachtung werden Fehlhaltungen bewusst gemacht. Bei der spielerischen Ausführung einfacher Körperübungen werden größere Zusammenhänge von Bewegungsabläufen entdeckt. Verspannungen werden gelöst und die Bewältigung des Alltags dadurch wesentlich erleichtert.

Meditation

Die Meditation ist im Buddhismus oder Hinduismus ein wesentlicher Bestandteil der religiösen und spirituellen Versenkung. Mit Hilfe dieser Technik ist es möglich, in tiefere Bereiche des Bewusstseins einzudringen. Man zieht sich in sich selbst zurück, schaltet das bewusste Denken nach und nach aus und gelangt dadurch zu innerer Gelassenheit und Ruhe. Wichtig für das Meditationsritual ist örtliche und zeitliche Regelmäßigkeit (früher Morgen oder Abend). Ihre Körperhaltung sollte entspannt sein: Sie sitzen entweder auf einem Stuhl oder im Schneidersitz auf dem Boden. Wenn Sie sich erst seit kurzem mit Meditation befassen, sollten Sie die Augen schließen. Achten Sie auf die richtige Atemtechnik. Konzentrieren Sie sich auf ein beliebiges Objekt, und rufen Sie es vor Ihr »geistiges Auge«. Anfänger sollten zunächst nicht länger als 10 Minuten meditieren.

Tai Chi Chuan

Tai Chi Chuan basiert auf altüberlieferten chinesischen Körper- und Energieweisheiten. Die einfachen, wesentlichen Übungen zielen darauf ab, bei Bedarf loslassen und Stress abbauen zu können. So kommen Sie innerlich zur Ruhe und tanken neue Energie auf.
Die kurze Bewegungsfolge der »5 Wandlungsphasen« ermöglicht einen einfachen und tiefgründigen Zugang zu Tai Chi Chuan. Besorgen Sie sich Literatur, oder nehmen Sie an einem Seminar teil.

Entspannungstherapien sind kein Hexenwerk – man lernt dadurch aber, wieder das Gefühl für sich und den eigenen Körper zuzulassen und ihm auch nachzugeben. Es erfordert allerdings Geduld und Ausdauer, bis sich der gewünschte Erfolg einstellt.

Yoga

Yoga ist eine sehr gute Methode, um Körper und Geist in Einklang zu bringen. Durch verschiedene Übungen, die so genannten Asanas, können Sie eine bessere Kontrolle aller Lebensimpulse erreichen. Yoga stärkt den Körper, indem es die Muskulatur aktiviert und die Wirbelsäule sowie das gesamte Knochengerüst festigt. Die Funktion der inneren Organe wird angeregt, die Haut wird straffer, und Ihr Ausdruck verändert sich. Sie werden ruhiger und ausgeglichener. Yoga verbessert die Atmung und das Körpergefühl. Es gibt verschiedene Yogaschulen mit ganz unterschiedlichen Übungen – keine Angst, Sie müssen nicht gleich auf dem Kopf stehen!

Die klassische manuelle Massage ist schon seit der Antike in praktisch allen Medizinkulturen bekannt. Sie wirkt dynamisierend und stimulierend auf den Organismus. Bestimmte Massageformen sind auch hervorragend zur Selbstbehandlung geeignet.

Massagen

Massagen beseitigen nicht nur Verspannungen, sie fördern auch den Abtransport von Schadstoffen und Stoffwechselschlacken. Ideal sind zu diesem Zweck Ganzkörperreflexzonen-, Bindegewebs-, Wirbelsäulen-, Kopf- und Akupunkturmassagen. Auch Lymphdrainagen und Fußreflexzonenbehandlungen sind gut geeignet.
Falls Sie keinen professionellen Masseur in Anspruch nehmen möchten, können Sie und Ihr Partner sich auch gegenseitig massieren. Reiben Sie etwa 5 Minuten lang mit trockenen Händen den Rücken Ihres Partners ab. Die Auf- und Abbewegungen sollten so schnell erfolgen, dass Rücken und Hände von der Reibung deutlich erwärmt werden. Anschließend kreisen Sie etwa 3 Minuten lang mit den Händen über den Rücken des Partners und üben dabei leichten Druck aus. Dadurch rötet sich die Haut noch stärker. Nun massieren Sie etwa 5 Minuten lang Arme und Beine durch kräftiges Hin- und Herreiben. Zum Schluss streichen Sie die Arme von der Schulter in Richtung Finger ab. Machen Sie diese Bewegung mehrmals vom Kopf bis zu den Zehen. Falls Sie allein sind, können Sie sich auch selbst an den Armen und Beinen massieren. Was den Start in den Tag erleichtert, ist eine wohltuende Fußmassage, die Sie ebenfalls sehr gut selbst durchführen können.

Schönheitspflege

Masken für Gesicht und Dekolletee

Masken regen während der Kur die Ausscheidung an. Sie sorgen für ein besseres Aussehen, stärken das Selbstbewusstsein und wirken je nach Zusammensetzung entspannend oder anregend. Tragen Sie die Masken nach Packungsanweisung vorsichtig auf Gesicht und Dekolletee auf, und entspannen Sie sich in einer bequemen Körperhaltung. Meditationsmusik kann den Entspannungsprozess unterstützen. Halten Sie sich jedoch unbedingt an die vorgegebene Zeit.

Ganzkörperpeeling mit Meersalz

Um die Durchblutung und Entschlackung des Bindegewebes zu fördern, hilft auch ein Ganzkörperpeeling mit Meersalz. Vermischen Sie dazu 30 Gramm Salz aus dem Toten Meer mit 30 Gramm Sojaöl und 6 Tropfen ätherischem Zitronenöl. Massieren Sie die Masse mit der Hand oder mit einem Massagehandschuh etwa 3 Minuten lang kreisend ein. Danach mit lauwarmem Wasser gründlich abspülen.

Körperpflege mit natürlichen Produkten verspricht nicht ewige Jugend und Schönheit, wie das die Kosmetikindustrie oft tut. Sie unterstützt jedoch die Hautfunktion mit einfachen Mitteln und trägt ganz allgemein zur Steigerung des Wohlbefindens bei.

Meersalz eignet sich nicht nur für Peelings, sondern auch für Teil- und Vollbäder sowie für Kompressen. Zum Abschluss der Anwendungen sollte man kurz mit klarem Wasser nachspülen.

Wasseranwendungen

Kneippsche Anwendungen

Für äußerliche Wasseranwendungen nach Kneipp sollten Sie bei guter Gesundheit sein und keine Herz- oder Kreislaufbeschwerden haben. Auch bei Venenproblemen ist Vorsicht geboten. Vor dem Kneippen sollte der Körper warm genug sein. Im Badezimmer sollte ebenfalls eine angenehme Raumtemperatur von etwa 20 °C herrschen, damit Sie bei den Anwendungen nicht auskühlen.
Zu Hause einfach durchzuführen sind Gesichts-, Arm- und Schenkelgüsse. Verwenden Sie dazu den Duschschlauch ohne Brausekopf. Die Wassertemperatur für kalte Güsse sollte etwa 10 °C, für warme etwa 36 °C betragen. Stellen Sie den Druck so ein, dass das Wasser aus dem nach oben gerichteten Schlauch etwa 5 Zentimeter emporsteigt.

Wasseranwendungen machen sich die Tatsache zunutze, dass die Reize des Wassers auf die Haut und tiefer gelegene Schichten an innere Körperbereiche und Organe weitergegeben werden. Dadurch wird der Stoffwechsel stimuliert.

Armguss

Der Armguss beginnt mit warmem Wasser. Führen Sie den Schlauch vom Handrücken über die Außenseite des rechten Arms zu den Schultern hinauf, dann langsam auf der sensibleren Innenseite zur Hand zurück. In der gleichen Weise verfahren Sie mit dem linken Arm. Anschließend behandeln Sie beide Arme in der gleichen Reihenfolge mit kaltem Wasser. Zum Abschluss führen Sie den Armguss nochmals mit warmem Wasser durch. Ein Armguss hilft bei Abgeschlagenheit, Nervosität, Kopfschmerzen und Kreislaufbeschwerden. Er hat sich ganz besonders beim Empfindungstyp bewährt.

Gesichtsguss

Für einen kalten Gesichtsguss kreisen Sie zunächst mit dem Schlauch mehrmals rund um Ihr Gesicht. Beginnen Sie unterhalb der rechten Schläfe, anschließend begießen Sie mit waagrechten Bewegungen nacheinander Stirn, Augenpartie, Nase, Wangen und Kinn. Diesen Ablauf wiederholen Sie 2- bis 3-mal. Gesichtsgüsse machen munter und helfen darüber hinaus bei Kopfschmerzen und müden Augen. Empfehlenswert sind sie vor allem für den Bewegungstyp.

Schenkelguss

Der kalte Schenkelguss leitet das Blut vom Kopf in den Beinbereich. Der Blutdruck sinkt, die Gefäße in den Beinen werden stärker durchblutet. Beginnen Sie mit dem rechten Fuß. Führen Sie den Wasserstrahl langsam an der Außenseite des Beins bis zum Knie hinauf und an der Innenseite zurück. Wechseln Sie zum linken Fuß. Zum Schluss lassen Sie das Wasser über die rechte und linke Fußsohle laufen. Schenkelgüsse sind besonders für den Entspannungstyp geeignet.
Nach Kneippgüssen sollten Sie das Wasser grundsätzlich nur mit der Hand abstreifen, sich warm anziehen und auf dem Sofa oder im Bett mindestens 1/2 Stunde lang ruhen.

Güsse werden mit viel Wasser, aber mit nur wenig Druck durchgeführt. Dazu kann man nur die Schlauchöffnung benutzen oder eine kleine Düse aufstecken, so dass das Wasser sprudelt. Die Kneipptherapie kennt viele Gussarten.

Trockenbürsten

Durch Trockenbürsten erzielen Sie während der Kur eine effektive Unterstützung der Entschlackung. Diese Anwendung hat sich darüber hinaus auch zur Vorbeugung von Erkältungskrankheiten bewährt.
Bürsten Sie mit einem Luffahandschuh oder einer Sisalbürste Fußrücken, Fußsohle, Unter- und Oberschenkel ab, dann nacheinander Po, Arme, Brust, Bauch und den Nacken zu den Schultern hin. Wenn Sie es vertragen, bürsten Sie auch mit kreisenden Bewegungen sanft Ihr Gesicht. Dabei immer in Richtung des Herzes streichen. Bürsten Sie Ihren Körper etwa 5 Minuten lang, bis sich eine leichte Hautrötung zeigt. Die Durchblutung wird dadurch angeregt, und abgestorbene Hautschüppchen lösen sich.

Wechselduschen

Nach dem Trockenbürsten duschen Sie sich im Stehen so lange warm ab, bis Ihr gesamter Körper gut durchwärmt ist. Brausen Sie anschließend mit kaltem Wasser zuerst Ihre Beine, dann die Arme, die Brust und schließlich das Gesicht ab.
Reiben Sie Ihren Körper dann mit einem Frottierhandtuch gründlich trocken, so dass sich die Haut leicht rötet und das Gefühl einer angenehmen Wärme entsteht (der Bewegungstyp sollte im Gesichtsbereich damit etwas vorsichtig sein). Sorgen Sie mit einem heißen Kräutertee für innere Wärme, und legen Sie sich für 1/2 Stunde ins Bett.

Bei nervösen Beschwerden und Kreislaufstörungen sind die kneippschen Wasseranwendungen geradezu ideal. Sie beleben und können den Blutdruck steigern.

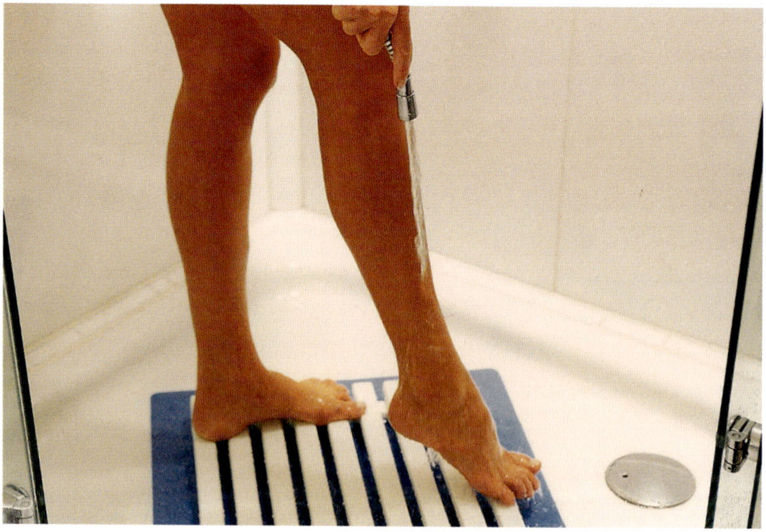

Bäder

Arm- und Fußbäder stärken Herz und Kreislauf. Vollbäder wirken schweißtreibend und stoffwechselanregend und unterstützen so die Ausscheidung während der Kur. Sie helfen auch bei nervöser Unruhe und Schlaflosigkeit. Die Wassertemperatur sollte – wie bei den Güssen – etwa 12 °C für kalte und 36 °C für warme Bäder betragen.

Es gibt über 100 verschiedene Wasseranwendungen: Wassertreten, Waschungen, Güsse, Wickel, Druckstrahlmassagen, Bäder etc. Darüber hinaus gibt es zahlreiche bewährte Kombinationen von Wasser und heilenden Kräutern.

Armbad

Ein Armbad können Sie sehr gut im Waschbecken durchführen. Da es zur Anregung des Kreislaufs dient, sollten Sie es kalt anwenden. Die ideale Temperatur liegt bei etwa 12 °C. Füllen Sie das Becken mit Wasser, Ihr Unterarm und die Hälfte des Oberarms sollten bequem darin Platz haben. Baden Sie nun hintereinander beide Arme jeweils 30 Sekunden lang in dem kalten Wasser. Lassen Sie den Unterarm dabei entspannt aufliegen. Anschließend trocknen Sie sich nicht ab, sondern streifen das Wasser nur mit der Hand von der Haut ab. Danach schwingen Sie Ihre Arme in der Luft einige Male langsam vor und zurück. Das Trocknen an der Luft regt den Kreislauf zusätzlich an und sorgt so für warme Arme und Hände.

Fußbad

Für ein Fußbad benötigen Sie zwei hohe Eimer oder andere Gefäße. Das kalte Fußbad beruhigt vor dem Einschlafen und entspannt bei Krampfaderleiden und Venenschmerzen. Warme Fußbäder fördern die Durchblutung, helfen bei Infekten im Harnwegsbereich und wirken chronischen sowie akuten Erkältungskrankheiten entgegen. Während der Kur sollten Sie Fußbäder wechselwarm durchführen.

Bei allen Fußbädern sollte das Wasser bis kurz unter die Knie reichen. Bei einem kalten Fußbad lassen Sie Ihre Beine nur 30 bis 60 Sekunden lang im Wasser, bei einem warmen etwa 2 bis 3 Minuten. Für wechselwarme Fußbäder tauchen Sie die Beine zuerst 2 Minuten lang ins warme, anschließend 10 Sekunden lang ins kalte Wasser. Dieser Wechsel kann 3- bis 5-mal wiederholt werden.

Nach dem Fußbad streifen Sie das Wasser mit der Hand von der Haut ab und ziehen sich warme Strümpfe an. Entspannen Sie sich 1/2 Stunde lang im Bett oder in einem bequemen Liegestuhl. Genießen Sie das wärmende Kribbeln, das von den Füßen her aufsteigt und nach und nach den ganzen Körper erfasst.

Vollbad

Lassen Sie die Badewanne mit warmem Wasser voll laufen – die ideale Badetemperatur liegt bei 36 °C. Baden Sie nicht länger als 15 Minuten. Duschen Sie sich danach kurz kalt ab, oder machen Sie einen kalten Schenkelguss. Wenn Sie dem Bad Heilkräuter zusetzen möchten, geben Sie 100 Gramm Kräuter in 2 Liter kochendes Wasser. 10 Minuten ziehen lassen, abseihen und ins Badewasser gießen. Je nach Sorte wohltuend, entspannend oder anregend wirken Badesalze, Rosskastanienextrakte und Lavendel- bzw. Rosmarinöle.

Ansteigendes Vollbad

Das ansteigende Vollbad erfordert einen stabilen Kreislauf und gesunde Venen. Beginnen Sie mit einer Wassertemperatur von 33 °C, und erhöhen Sie die Temperatur durch das Zulaufenlassen von heißem Wasser in 15 bis 20 Minuten auf 40 °C. Sie können ansteigende Bäder auch als Fuß-, Arm-, Sitz- und Halbbad anwenden.

Ein Bad wirkt erfrischend oder entspannend – je nachdem, ob man an einem heißen Sommertag in einem kühlen Badesee schwimmt oder sich nach einem anstrengenden Arbeitstag in das wohlig warme Wasser der Badewanne legt.

Um sich fit zu fühlen, ist nicht nur körperliche Bewegung, sondern auch die richtige Ernährung und regelmäßige Entspannung wichtig.

Fitness für ein neues Lebensgefühl

Auch wenn Fitnessstudios und Frauenzeitschriften immer wieder neue Trainingsarten anpreisen: Das Wundermittel, mit dessen Hilfe jeder im Handumdrehen seine Figurprobleme in den Griff bekommen kann, wurde noch nicht erfunden. Es gibt keinen schnellen Weg zum optimalen Fitnesszustand. Veränderungen und Verbesserungen geschehen schrittweise. Um Ihren Problemzonen dauerhaft zu Leibe zu rücken, sind Konsequenz und Geduld nötig. Regelmäßige Bewegung ist die beste Methode, um Fettpölsterchen ab- und Muskeln aufzubauen. Sie verhindert die Ansammlung von Schlacken im Körper und kurbelt während der Kur den Stoffwechsel an. Wer gezielte Fitnessübungen mit einer gesunden, typgerechten Ernährung, mit kosmetischen Spezialbehandlungen und dem dazugehörigen Wellnessprogramm kombiniert, hat große Chancen, an sein Ziel zu gelangen.

Fitness ist zum Synonym für Gesundheit und Leistungsfähigkeit geworden. Fitness stärkt aber auch die Psyche: Wer volle Batterien hat, ist seltener geladen. Fit sein ist nicht nur das Gegenteil von fett. Es heißt, körperlich und geistig aktiv zu sein.

So trainieren Sie richtig

Treiben Sie dreimal pro Woche mindestens 30 Minuten lang Sport. Trainingsformen, die den Kreislauf anregen, sind besonders gut geeignet. Sie sollten sich dabei nach neuesten Erkenntnissen nicht verausgaben, sondern sich so bewegen, dass Sie sich theoretisch noch nebenbei unterhalten könnten. Sie können Ihr Übungsprogramm besonders effektiv gestalten, wenn Sie ein Ausdauer- und Krafttraining kombinieren. Wechseln Sie beispielsweise zwischen Radfahren und einer speziellen Problemzonengymnastik. Weitere geeignete Ausdauersportarten sind Jogging, Walking und Schwimmen.
Eine wichtige Voraussetzung für den Erfolg ist, dass das Training Ihnen Spaß macht. Probieren Sie daher verschiedene Sportarten aus, und testen Sie, welche Ihnen am meisten zusagt.

Wenn Sie bisher wenig oder gar nicht sportlich aktiv waren, dann fangen Sie zunächst langsam an. Sie sollten auf keinen Fall bis zur totalen Erschöpfung trainieren. Wärmen Sie sich zuvor mit lockerem Gehen auf, und machen Sie dann ein paar Dehnübungen.

Gymnastische Übungen

Gymnastik dehnt und kräftigt die gesamte Muskulatur. Auch die Beweglichkeit, das Körpergefühl und die Koordinationsfähigkeit werden verbessert. Haltungsschäden können durch Gymnastik von vornherein verhindert bzw. beseitigt werden. Die Körperhaltung eines Menschen lässt Rückschlüsse auf seine Persönlichkeit zu. Eine gute Körperhaltung beeinflusst Ihre Ausstrahlung positiv und unterstützt zudem Ihr Selbstbewusstsein.

Fitness ist längst zu einem neuen Lebensgefühl – und auch zu einem wichtigen Karrierefaktor – geworden. Wie ein Mensch heute körperlich erscheint, bestimmt, was man von ihm hält und welche Chancen ihm eingeräumt werden.

Für Schultern und Arme

▶ Setzen Sie sich aufs Bett, und stützen Sie sich mit den Armen auf der Bettkante ab. Die Finger zeigen nach vorn. Das linke Bein ist angewinkelt, das rechte Bein gerade nach vorn gestreckt. Der Rücken ist senkrecht, die Arme sind gebeugt.

▶ Rutschen Sie langsam über die Kante nach vorn, und gehen Sie langsam in die Hocke, ohne dabei den Boden zu berühren. Drücken Sie den Körper anschließend mit den Armen wieder nach oben.

Für den Bauch

▶ Legen Sie sich bequem auf den Rücken, Ihr unterer Rücken ist flach aufgelegt, die Beine angestellt. Die Beinstellung ist nahezu rechtwinklig, so wird die sonst stark eingreifende Hüftbeugemuskulatur ausgeschaltet. Ihre Hände sind hinter dem Kopf verschränkt, die Ellbogen zeigen nach außen, der Kopf wird in Verlängerung der Wirbelsäule gehalten. Das Kinn ist eine Faustlänge von der Brust entfernt.

▶ Ziehen Sie nun die unterste Rippe in Richtung Beckenknochen, und atmen Sie dabei aus. Sie sollten eine Spannung im Bauchbereich verspüren. 3/4 des Rückens bleiben am Boden, der Kopf wird neutral gehalten. Achten Sie darauf, nicht ins Hohlkreuz zu fallen.

▶ Wenn Sie in der Endposition sind, halten Sie diese kurz, bevor Sie langsam in die Ausgangsposition zurückrollen. Atmen Sie tief ein. Sie können die Hände bei dieser Übung auch vor der Brust kreuzen oder in Gebetshaltung vor dem Körper zusammenlegen.
▶ Wiederholen Sie die Übung 4- bis 8-mal.

Für die Brust

▶ Lehnen Sie sich in einer diagonalen Position gegen die Wand. Die Arme sind seitlich angewinkelt, die Hände werden mehr als schulterbreit an die Wand aufgesetzt und stützen den Körper ab. Po- und Bauchmuskulatur sind fest angespannt.
▶ Drücken Sie sich langsam von der Wand weg, bis die Arme fast ausgestreckt sind. Dabei atmen Sie aus. Beim Einatmen werden die Arme wieder bis zur Ausgangsposition gebeugt.
▶ Je größer der Abstand zwischen der Wand und Ihren Füßen ist, desto schwieriger wird die Übung. Sie sollten immer darauf achten, dass die Bauchmuskulatur angespannt ist – ansonsten würden Sie ins Hohlkreuz fallen.
▶ Wiederholen Sie die Übung 8- bis 16-mal.

Achten Sie darauf, alle Körperpartien gleichmäßig zu trainieren. Wärmen Sie sich aber zuvor immer sorgfältig auf: Der Gelenk- und Bandapparat verliert mit zunehmendem Alter an Beweglichkeit und Elastizität.

Für den Rücken

▶ Legen Sie sich auf den Bauch; die Hände sind ineinander gefasst und liegen auf dem Gesäß. Der Kopf ist die Verlängerung der Wirbelsäule, d. h., der Nacken ist lang und gerade. Die Stirn liegt auf dem Boden auf. Die Beine sind gestreckt.
▶ Kopf und Schultern nun gleichzeitig heben und wieder senken. Die Bewegung langsam und kontrolliert ausführen.
▶ Fortgeschrittene können Kopf und Schultern etwas höher anheben, so dass sich die Brust weiter vom Boden löst. Den Kopf jedoch weiterhin gerade halten, und die Beine am Boden lassen.
▶ Noch schwieriger wird die Übung, wenn Sie die Hände vor die Stirn legen; die Ellbogen zeigen nach außen; weiter wie oben beschrieben. Sie können auch mit den Händen einen Ball vor dem Kopf halten, die Arme gestreckt heben und dabei den Ball zusammendrücken.
▶ Wiederholen Sie die Übung 4- bis 8-mal.

Für den Po

- Legen Sie sich auf den Bauch; der Oberkörper ist völlig entspannt, die Arme sind seitlich in Schulterhöhe angewinkelt. Die Beine sind lang ausgestreckt. Der Kopf ist bequem zur Seite gelegt. Sie können den Kopf aber auch mit der Stirn auf den Boden auflegen – so bleibt der Nacken gerade.
- Ein Bein langsam gestreckt anheben, bis Sie ein Ziehen im Gesäßmuskel verspüren. Langsam wieder senken, bis die Fußspitze leicht den Boden berührt. Dann das Bein sofort wieder anheben – so intensivieren Sie die Anspannung.
- Wiederholen Sie die Übung 8- bis 32-mal, dann die Seite wechseln.

Grundsätzlich sollten alle Bewegungen zum Gelenkschutz kurz vor der maximalen Streckung gestoppt werden. Führen Sie sämtliche Übungen langsam und kontrolliert aus. Vermeiden Sie es, die Sehnen und Bänder zu überdehnen.

Für die Oberschenkel

- Stellen Sie sich auf das rechte, leicht gebeugte Bein, und strecken Sie das linke Bein nach hinten, so dass die Fußspitze den Boden berührt. Halten Sie sich mit den Händen fest, ziehen Sie die Schultern nach unten, und spannen Sie die Bauchmuskulatur an.
- Ziehen Sie den linken Unterschenkel nach oben, ohne dabei die Knieposition zu ändern; dabei sollten die Gesäßmuskulatur und die hintere Oberschenkelmuskulatur angespannt werden. Danach den Unterschenkel langsam wieder senken.
- Achten Sie darauf, den Oberkörper ruhig und gerade zu lassen, und nicht ins Hohlkreuz zu fallen. Halten Sie auch den Kopf gerade, er sollte eine Linie mit dem Rücken bilden.

Für die Waden

- Gehen Sie in Schrittstellung; das vordere Bein ist leicht gebeugt. Das Knie steht senkrecht direkt über oder hinter der Ferse. Das hintere Bein ist gestreckt, aber auf keinen Fall im Knie durchgedrückt. Beide Fersen stehen fest am Boden. Oberkörper und Rumpf sind aufrecht.
- Nun die Ferse des hinteren Beins langsam heben und senken.
- Sie können die Übung variieren, indem Sie wieder in Schrittstellung gehen und auch das hintere Bein leicht beugen. Dabei wird statt des Zwillingswadenmuskels der Schollenmuskel beansprucht.
- Wiederholen Sie die Übung 8- bis 12-mal, dann das Bein wechseln.

Krafttraining mit Geräten

Beim Krafttraining können durch gezielte Übungen bestimmte Muskelpartien gekräftigt werden. Wichtig ist die korrekte Bewegungsausführung, die von Fachleuten überprüft werden sollte.
Anders als bei Ausdauersportarten häuft sich bei dieser Trainingsform Laktat (Milchsäure) an, das Muskelkontraktionen hemmt oder unterbindet. Erst wenn während einer kurzen Pause den Muskeln wieder Sauerstoff zugeführt wird, wird Laktat abgebaut, und die Muskeln funktionieren wieder normal.

Wenn man jahrelang nur wenig Bewegung hatte, fällt es sehr schwer, wieder damit zu beginnen. Trotzdem – versuchen Sie es sich so einzurichten, dass Sie mindestens dreimal pro Woche etwa 30 Minuten lang an der frischen Luft sind.

Ausdauersportarten

Jogging/Waldlauf

Laufen verbessert die Ausdauerleistung und wirkt positiv auf das gesamte Herz- und Kreislaufsystem. Es verbessert die Fließfähigkeit des Bluts und beugt durch die Aktivierung der knochenaufbauenden Zellen Knochenbrüchigkeit (Osteoporose) vor. Laufen fördert die Fettverbrennung und verbessert die Stimmungslage. Ganz generell stärkt Bewegung an der frischen Luft auch das Immunsystem.

Radfahren

Radfahren verbessert nicht nur die Ausdauer, es kann darüber hinaus auch Venenproblemen vorbeugen. Ähnlich wie bei den anderen Ausdauersportarten werden auch beim Radsport Muskelpartien im ganzen Körper beansprucht. Weil Radfahren die Gelenke schont, ist es besonders bei Übergewicht und orthopädischen Problemen geeignet.

Schwimmen

Schwimmen entspannt den Körper und befreit von Stress. Das gesamte Herz-Kreislauf-System wird gestärkt. Es kräftigt vor allem die Rücken- und Bauchmuskeln. Speziell Rückenschwimmen kann rasch von quälenden Rückenschmerzen befreien. Für Übergewichtige ist Schwimmen der Idealsport, weil Wasser gut trägt und damit die Gelenke entlastet werden. Schwimmen löst steife Gelenke.

Skilanglauf

Langlauf ist eine der gesündesten Sportarten, weil die größten Muskelgruppen dabei gleichzeitig dynamisch bewegt werden. Es hat auch die stärkste Wirkung auf Herz und Kreislauf. Langlauf ist weiterhin für Übergewichtige und Menschen mit Gelenkproblemen geeignet. Voraussetzung ist eine gute Beherrschung der Technik.

Walking

Das »zügige Gehen« ist für fast jeden geeignet. Es kurbelt die Fettverbrennung an und schont dabei die Gelenke. Neben einem langsamen und kontinuierlichen, dafür aber schonenden Aufbau der Ausdauer fördert es auch die koordinativen Fähigkeiten.

Der Alltag bietet immer wieder Gelegenheit, ohne großen Aufwand kleine Übungen für Ihre Fitness durchzuführen. Machen Sie den Anfang, indem Sie ganz bewusst darauf achten, wie Sie gerade sitzen, stehen, gehen oder eine Last tragen.

Den Alltag nutzen

Gehen Sie so häufig wie möglich zu Fuß, fahren Sie mit dem Rad statt mit dem Auto, nehmen Sie die Treppe, und verzichten Sie auf den Fahrstuhl. Auch Hausarbeit wie Fensterputzen und Wäscheaufhängen ist ideal für Fitness und Beweglichkeit. Nutzen Sie im Sommer jede Gelegenheit, um barfuß zu gehen, vor allem im taunassen Gras.

Das Barfußgehen stimuliert über die Fußreflexzonen auch die inneren Organe – Sie werden den direkten Bezug in Form eines belebenden Gefühls sofort spüren.

Impressum
Der Südwest Verlag ist ein Unternehmen der Verlagshaus Goethestraße GmbH & Co. KG.

Redaktion und Projektleitung: Anja Feise

Redaktionsleitung und medizinische Fachberatung: Dr. med. Christiane Lentz

Bildredaktion: Beate Wagner

Produktion: Manfred Metzger (Leitung); Annette Aatz; Dr. Erika Weigele-Ismael

Umschlag: Heinz Kraxenberger, München; Till Eiden

Layout/DTP: Wolfgang Lehner

Druck: Color-Offset, München

Bindung: R. Oldenbourg, München

Printed in Germany

Gedruckt auf chlor- und säurearmem Papier

ISBN 3-517-07882-4

Über die Autorin

Marlis Weber ist Geschäftsführerin der Reformhaus-Fachakademie in Oberursel und leitet ein Team, das sich seit Jahren mit Ernährung aus ganzheitlicher Sicht befasst. Aus der Praxis heraus entwickelte sie eine individuelle, typgerechte »Ernährungslehre«.

Literatur

Aerni, F.: Lehrbuch der Menschenkenntnis. Einführung in die Hutersche Psychophysiognomik. Kalos Verlag. Zürich 1988
Anemüller, H.: Das Grunddiät-System. Hippokrates Verlag. Stuttgart 1993
Küllenberg, B.: Abnehmen mit Molke. W. Ludwig Buchverlag. München 1999
Logue, A.W.: Die Psychologie des Essens und Trinkens. Spektrum Akademischer Verlag. Heidelberg 1995
Weber, M./Küllenberg B.: Die typgerechte Ernährung. Südwest Verlag. 3. Auflage, München 1996

Adressen

Seminare für gesundes Essen, bei denen der Schwerpunkt auf der Optimierung des individuellen Essverhaltens liegt, veranstaltet die Reformhaus-Fachakademie, Gotische Straße 15, 61440 Oberursel, Tel. 061 72/300 98 22.

Hinweis

Das vorliegende Buch ist sorgfältig erarbeitet worden. Dennoch erfolgen alle Angabe ohne Gewähr. Weder Autorin noch Verlag können für eventuelle Nachteile oder Schäden, die aus den im Buch gemachten Hinweisen resultieren, eine Haftung übernehmen.

Bildnachweis

Albrecht, Dirk, Meinerzhagen: 37, 43, 48, 66, 73; Bavaria Bildarchiv Gauting/München: 20 (TCL); Kargl, Christian/Schoenenburg, Ute, München: Titel; Südwest Verlagsarchiv, München: Freisteller im Inhaltsverzeichnis (N.N.), 1, 88 (H. Seidenabel) 18, 40, 63, 86, 93 (jump/K. Vey), 25 (C. Rehm), 29, 83 (S. Sperl), 55 (D. Albrecht), 78 (Ezy United); The Image Bank, München: 7 (White/Packert), 58 (C. Molyneux); Tony Stone, München: 4 (D. Steward)

Rezepteregister

Emp = Empfindungstyp
B = Bewegungstyp
Ent = Entspannungstyp

Sachregister

Südwest Verlag 1999
96 Seiten, durchgehend
vierfarbig, Broschur
ISBN 3-517-07762-3

Südwest Verlag 1999
96 Seiten, durchgehend
vierfarbig, Broschur
ISBN 3-517-07791-7

Südwest Verlag 1996
200 Seiten, durchgehend
vierfarbig, Klappenbroschur
ISBN 3-517-01795-7